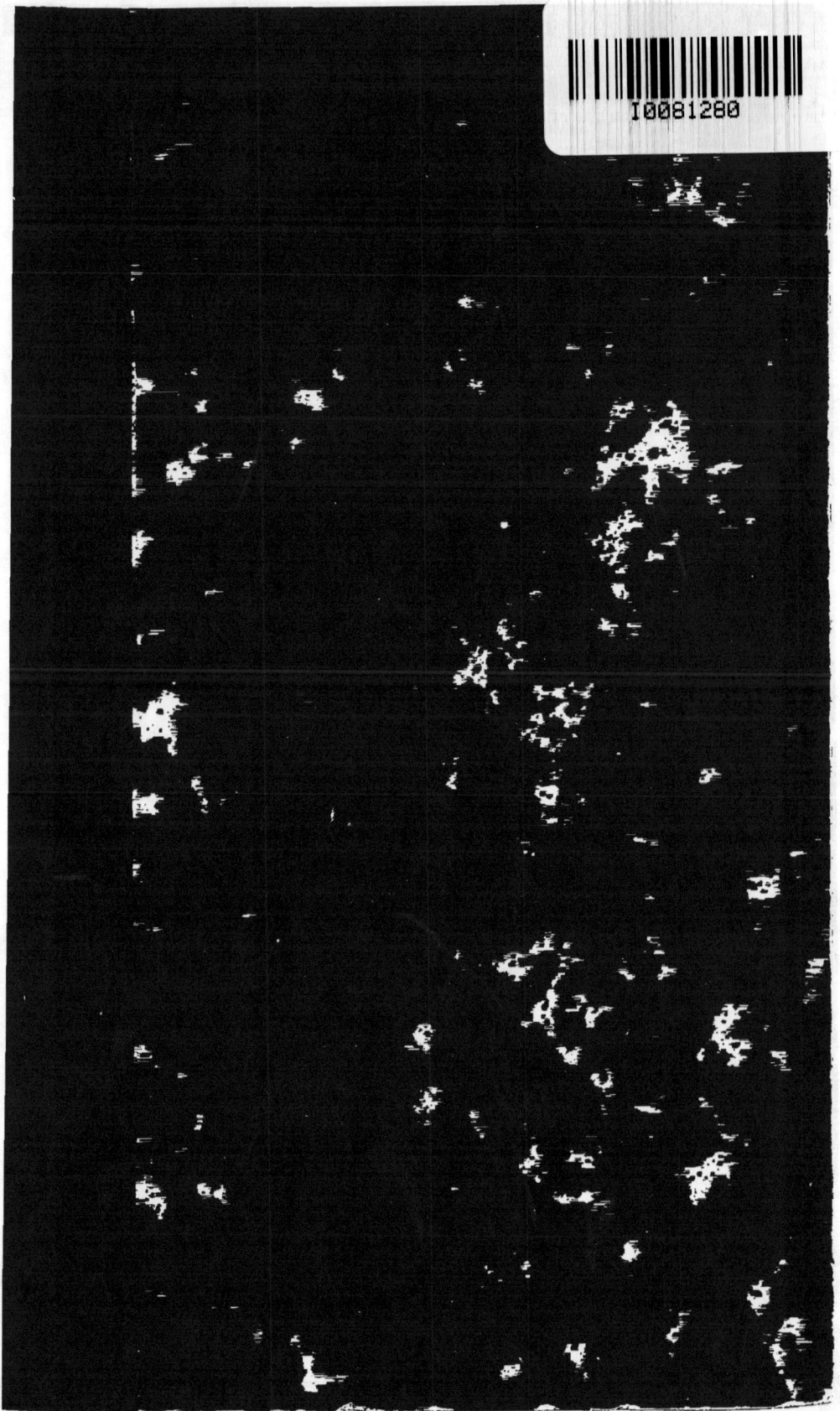

ESSAI ANALYTIQUE

DE

STATISTIQUE MORTUAIRE

POUR

LA VILLE DE BORDEAUX

Bordeaux. — Imprimerie générale de Mme CRUGY, rue et hôtel Saint-Siméon, 16.

ESSAI ANALYTIQUE

DE

STATISTIQUE MORTUAIRE

POUR

LA VILLE DE BORDEAUX

EXPLIQUANT

LES CAUSES NATURELLES ACCIDENTELLES ET MORBIDES DES DÉCÈS,

AVEC LES INFLUENCES GÉNÉRALES QUI LES RÉGISSENT :

âge, sexe, misère, aisance, mois, saisons, professions, etc., etc.;

RENFERMANT

UNE MONOGRAPHIE SUR LA LONGÉVITÉ,

UN TABLEAU DU MOUVEMENT ANNUEL DE LA POPULATION DE LA VILLE
DEPUIS 1793 JUSQU'EN 1861,

ET UN RÉSUMÉ DU RECENSEMENT OFFICIEL DE L'ANNÉE 1861 ;

Par le Dr MARMISSE

Mémoire présenté au Congrès scientifique (28e session).

PARIS

VICTOR MASSON & FILS

LIBRAIRES-ÉDITEURS

place de l'École de Médecine.

BORDEAUX

P. CHAUMAS-GAYET

LIBRAIRE-ÉDITEUR

fossés du Chapeau-Rouge, 34.

1861

A Son Excellence

Monsieur le Ministre de l'Agriculture, du Commerce et des Travaux publics.

———

La statistique des sciences médicales excite votre haute sollicitude au même degré que la santé publique : veùillez accepter l'hommage de cet Essai analytique de la part d'un de ceux à qui vous avez accordé deux fois une récompense honorifique pour services rendus en temps d'épidémie.

D' MARMISSE (de Bordeaux).

Médaille d'argent , choléra. Vosges , 1854.
Médaille d'or, choléra. Basses-Pyrénées , 1855.

A Monsieur le Maire de Bordeaux.

Permettez-moi de vous offrir l'hommage de ce travail scientifique, basé sur les archives de votre division de l'état civil, et veuillez y voir un témoignage de gratitude pour l'amélioration que vous avez introduite dans son service médical.

D' MARMISSE.

A Monsieur le Président et à Messieurs les Membres

du Conseil d'hygiène et de salubrité publique

du département de la Gironde.

Hommage respectueux de l'auteur.

D' MARMISSE.

———————

A Monsieur le Dr Rayer,

Président de l'Association centrale des Médecins de France.

Hommage de gratitude
pour sa présence à la session annuelle de l'Association locale
de la Gironde le 12 septembre 1861

D' MARMISSE,
membre de l'Association.

INTRODUCTION

—

Nous nous proposons, dans ce travail, d'appliquer les lois de la statistique aux causes qui ont produit les décès dans Bordeaux pendant les années 1858, 1859, 1860. Nous exprimerons par des chiffres leur degré de fréquence relativement à la population mortuaire et à la population vivante de la ville, leurs rapports avec l'âge, le sexe, la misère, l'aisance, les mois, les saisons, les professions, et quelquefois avec le célibat et le lieu de naissance.

L'étude de ces causes générales d'influence sur la mortalité d'une grande ville nous a paru scientifiquement utile, et cette conviction nous a fait triompher des nombreux et fatigants labeurs que coûte visiblement un travail aussi hérissé de chiffres.

Degré de fréquence des causes mortuaires.

La science ne serait-elle pas satisfaite d'apprécier exactement les prédispositions d'une population pour telle ou telle cause de décès, et de fixer presque mathématiquement le tribut qu'elle lui paie annuellement? C'est une des branches de la géographie médicale pour la création de laquelle M. Boudin a ramassé d'importants matériaux.

Influence de l'âge.

Il est reconnu que tous les âges ne sont pas également frappés par la même cause mortuaire. Le fil qui tient suspendu sur nos têtes le glaive de la mort est plus ou moins solide dans telle ou telle période de la vie, suivant l'intervention de telle ou telle cause mortuaire.

L'enfant ne meurt pas par la goutte, par le cancer, par le rhumatisme, etc. ; mais il succombe spécialement à la diathèse scrofuleuse, au croup, etc. On pourrait ainsi parcourir l'adolescence, la jeunesse, l'âge mûr, la vieillesse. En changeant un mot au vers du poète, on pourrait donc dire au médecin :

Ætatis cujusque notan li sant tibi *morbi*.

Influence du sexe.

Les deux sexes sont également prédisposés à la mort. Mais il y a des nuances, suivant qu'on prend tel ou tel âge, et surtout suivant que l'on fait intervenir telle ou telle cause mortuaire. Ainsi les morts accidentelles sont rares chez les femmes, relativement aux hommes, et au contraire, pour elles, les décès par cancers sont proportionnellement nombreux.

Nous traduirons par des chiffres ces variations, qui ne détruisent en rien, il est vrai, l'égalité devant la mort.

Influence de la misère et de l'aisance.

Tout n'est pas avantage dans la richesse, et tout n'est pas inconvénient dans la misère ! L'une et l'autre position sociale ont leurs deux faces.

La misère prédispose à telle ou telle cause mortuaire, et prémunit en partie contre telle ou telle autre. De même pour l'aisance.

Nous verrons plus loin quels moyens nous avons employés pour constater l'indigence et l'aisance.

Influence des mois et des saisons.

Nous n'avons pas besoin d'insister pour prouver cette vérité. La mort moissonne largement dans le champ de l'enfance et de la vieillesse, suivant telle ou telle température. Il y a donc une météorologie médicale constituée par l'influence qu'exercent sur notre santé les phénomènes de chaleur, d'électricité, de lumière, d'humidité, etc.

Influence des professions.

Tout le monde convient que les professions ne doivent pas être sans influence sur les causes mortuaires. On sait, par exemple, qu'un cocher, un marin, un terrassier, ne peuvent pas être mis au niveau d'un rentier, d'un avocat, d'un magistrat, pour la prédisposition aux fractures, aux contusions, même à la goutte, aux cancers, à l'apoplexie cérébrale, etc.

Mais on n'a pas encore précisé mathématiquement, par la méthode numérique, ces prédispositions professionnelles. Ramazzini et ses copistes auraient rendu de plus grands services à la science, et surtout à l'hygiène professionnelle, s'ils avaient connu et adopté cette méthode, au lieu d'accepter des préjugés et de répéter des assertions plus ou moins fondées.

Influence du célibat.

Tous les traités d'hygiène cherchent à savoir si le célibat exerce une influence sur notre santé. Dans l'étude de certaines causes mortuaires, nous avons cité le nombre et la proportion des célibataires qui avaient succombé à ces causes mortuaires.

Influence du lieu de naissance.

Nous avons dit plus haut qu'il y avait une géographie médicale. Ce n'est pas à Bordeaux qu'on pourrait le contester. Les étrangers y affluent de toutes les parties du monde; et, d'une autre part, les compatriotes qui ont longtemps séjourné dans ces pays, en emportent quelquefois des maladies endémiques, comme la dyssenterie, les maladies du foie, etc. Nous avons donc eu raison de signaler quelquefois le nombre d'individus nés à Bordeaux, parmi ceux qui succombaient à telle ou telle cause mortuaire; et si ce point de vue était étudié dans tous les départements de la France, il en résulterait une distribution exacte de toutes les maladies susceptibles d'être réclamées par la géographie médicale. M. Boudin fait présumer tout l'intérêt que soulève une pareille question, en publiant la distribution par départements des motifs médicaux d'exemption pour le service militaire.

Nota. Il nous est arrivé quelquefois de pouvoir préciser la durée d'une cause morbide mortuaire, depuis son origine jusqu'à sa terminaison fatale.

Si nous avions pu réaliser ce point de vue pour toutes les maladies, nous aurions cru rendre un grand service non–seulement à la science spéculative, mais encore à la science pratique. Un tableau qui donnerait la durée moyenne de chaque maladie, avec la moyenne des individus qui en sont annuellement atteints, serait grandement utile aux sociétés de secours mutuels, pour pouvoir préciser d'avance leurs dépenses probables.

Le Gouvernement a bien compris tout l'avantage de cette intervention de la science, puisqu'il fait une obligation de l'accepter plus tard, aux institutions de mutualité qui veulent l'appui de son patronage; mais il devrait provoquer, par ses moyens d'influence, des travaux scientifiques capables d'atteindre ce but.

M. Maître, secrétaire de la ville, a bien voulu mettre à notre disposition les résultats du dernier recensement de la ville, qui vient de se terminer en septembre. Notre travail était presque tout imprimé, et il nous a été impossible d'utiliser le document officiel dans nos recherches sur l'influence de l'âge, du sexe, du célibat, du lieu de naissance, des professions. Nous avons cru, néanmoins, intéressant de joindre à notre publication un tableau des principaux résultats de ce recensement. Nous avons donc lieu de remercier M. Maître de sa bienveillante communication.

Nous n'oublierons pas MM. Dutasta, chef de division à l'état civil, et Vapaille, chef de bureau au secrétariat, pour leur concours empressé dans les circonstances où nous en avons eu besoin.

PREMIÈRE PARTIE

DES DÉCÈS EN GÉNÉRAL, SANS DISTINCTION D'ESPÈCES ÉTIOLOGIQUES.

DES DÉCÈS DANS LEURS RAPPORTS AVEC LES NAISSANCES,
LES MARIAGES ET LA POPULATION.

Voici les chiffres des décès, des naissances et des mariages dans la ville de Bordeaux, pendant les trois dernières années :

Années.	Décès (1).	Naissances.	Mariages.
1858.	3,800	3,956	1,466
1859.	4,037	3,949	1,450
1860.	3,802	4,185	1,486
Total.	11,639	12,090	4,402

Années.	Pour 100 décès, le rapport	aux Naissances.		aux Mariages.
1858.	est	104.10	est	38.57
1859.	»	97.82	»	35.91
1860.	»	110.08	»	37.85
Moyenne.		104.00		37.85

Ainsi, annuellement 104 naissances succèdent à 100 décès.

En admettant comme résultat du dernier recensement de la ville le nombre de 160,000 habitants, on trouve que, pour 100, le rapport des décès est de 2.42; celui des naissances, 2.52; celui des mariages, 0.92.

La supériorité de 10 centièmes des naissances sur les décès est bien faible, et ne peut rendre compte du mouvement ascensionnel

(1) Nous défalquons les morts-nés.

2

de la population. Il faut donc qu'il y ait une forte immigration vers Bordeaux.

Pour obtenir le rapport des naissances aux mariages, il faut préalablement défalquer les naissances illégitimes.

Années.	Naissances légitimes.		Naissances illégitimes
1858.	2,918	. . . . . .	1,038
1859.	2,882	. . . . . .	1,067
1860.	3,257	. . . . . .	928
Total.	9,057		3,033

Années.				
1858.	Pour 100 mariages.	198.36 naissances.
1859.	— —	198.06 —
1860.	— —	219.17 —
	Moyenne. . .	205.19

Ainsi, pour 100 mariages, il y a annuellement en naissances 205.19.

Pour 100 naissances, la part des naissances illégitimes est de 33.47.

Influence de l'âge sur la mortalité.

Une règle immuable dans les lois de la mortalité, c'est que la mort frappe surtout aux deux pôles de la vie. Les deux portes que la nature nous ouvre elle-même aux deux extrémités de la carrière, l'une par laquelle nous entrons, l'autre par laquelle nous sortons, sont encombrées par les victimes des Parques; et c'est dans le milieu de leur distance que se trouve la plus grande chance de vitalité.

Ce principe, basé sur les conditions physiologiques de l'organisation, peut se prouver par des chiffres qui varient suivant les circonstances de temps, de lieu, de race et de situation hygiénique.

A Bordeaux, l'enfance d'un mois fournit à la mortalité un contingent de 7.80 p. %. A mesure qu'on remonte vers une enfance de plus en plus ferme, cet impôt mortuaire diminue sensiblement; au point qu'à un an, il n'est même pas de 1 p. % (0.85 p. %).

Considérons les dix premières années dans leur ensemble, période qu'on peut désigner par le mot *enfance*.

Quoique les dernières années de cette période soient très-peu chargées, néanmoins, à cause de la large part qui succombe autour du berceau, c'est la période décennale la plus décimée. Sa contribution mortuaire est de 34.13 p. %.

La période de dix à vingt ans offre, avec celle qui la précède, un contraste complet; c'est ici que la mort semble se reposer. Sa moisson n'est que de 6.40 p. %.

Il faut aller à la période de soixante à soixante-dix ans pour voir la mort reprendre son travail destructeur. Son résultat est de 10.49 p. %.

Le contingent le plus fort après celui-ci se trouve entre soixante-dix et quatre-vingts ans; il est de 10.21 p. %.

Viennent les périodes décennales suivantes avec leurs pertes spéciales :

De 50 à 60 ans. . . . . 9.56 p. %.
De 20 à 30 ans. . . . . 9.12 —
De 30 à 40 ans. . . . . 7.99 —
De 40 à 50 ans. . . . . 7.36 —

Quant aux périodes de quatre-vingts à quatre vingt-dix ans et au delà, le contingent est faible : 3.47 p. % et 0.72 p. %.

La mort, ayant déjà largement moissonné dans le champ de la vieillesse, ne trouve que de rares épis dans ces deux dernières périodes de la vie humaine. Résumons par le tableau suivant ces divers résultats :

Enfance   (de 0 à 10 ans). . . . . . 34.13 p. %.
Adolescence (de 10 à 20 ans). . . . . .   6.40 —
Jeunesse   (de 20 à 40 ans). . . . . . 17.12 —
Age mûr   (de 40 à 60 ans). . . . . . 16.97 —
Vieillesse   (au delà de 60 ans). . . . . 25.38 —
                Total. 100

On a dû remarquer que la jeunesse, qui comprend une période égale à l'âge mûr, a néanmoins un chiffre mortuaire supérieur. Ce résultat, que tous les statisticiens ont d'ailleurs rencontré,

leur paraît d'une explication assez difficile. Je crois qu'on pourrait signaler, comme double cause puissante de mortalité dans la
jeunesse, la phthisie pulmonaire et la fièvre typhoïde. Nous verrons
plus tard quel est leur ravage dans la période de vingt à trente
ans.

Enfin, la vieillesse est, après l'enfance, la plus exposée à la
mortalité. Il n'y a pas d'exception dans cette loi fatale, quelles
que soient les circonstances de temps et de lieux. Elle est une
conséquence de l'organisation elle-même. D'un côté, les organes
ne sont pas encore assez bien développés pour résister aux nombreuses causes de destruction au milieu desquelles nous vivons.
C'est ici le cas de rappeler la définition de Bichat : La vie n'est
que la lutte contre la mort. De l'autre côté, ces mêmes organes,
en traversant cette série d'écueils, se sont matériellement usés,
et, par suite, se trouvent de moins en moins capables de continuer le combat. Ils arrivent donc épuisés à l'heure de la lutte
suprême si bien exprimée par le mot *agonie* (combat).

Sur les 11,639 individus morts à Bordeaux, il y en a la moitié
qui n'avaient pas encore atteint l'âge de trente-deux ans.

Ainsi la vie probable dans notre ville serait de trente-un à
trente-deux ans.

Moins il meurt d'enfants, plus il meurt de vieillards; et plus
les décès qui séparent l'enfance de la vieillesse sont rares, plus
la vie moyenne est élevée. En statistique, on considère l'âge
moyen des décédés comme le chiffre qui exprime le mieux la vie
moyenne. Cet âge moyen s'obtient en divisant la somme des
années vécues par le nombre des décès.

L'application de cette méthode pour notre statistique nous a
donné 33 ans 20 centièmes. Si l'on fait abstraction des décès du
premier mois, la vie moyenne serait de 35 ans 40 centièmes.
En étendant cette abstraction à la première période décennale,
on aurait 49 ans 99 centièmes pour la vie moyenne.

Influence du sexe sur la mortalité.

Notre tableau A peut résoudre les questions qui regardent le
sexe. Il donne la part des deux sexes pour chacune des 26 séries
d'âge : dans le total de la mortalité, le contingent du sexe masculin est de 6,020; celui du sexe féminin, 5,619, ce qui donne
les proportions 51,72 p. %. 48,28 p. %; résultat qui proclame

une faible supériorité pour le sexe masculin. Cette prédominance n'existe pas dans toutes les séries d'âge. Elle se maintient jusqu'à cinq ans; elle cesse de cinq à vingt; reparaît de vingt à trente ans, de quarante à cinquante, de soixante à soixante-dix ; enfin, elle disparaît après soixante-dix ans. Le sexe féminin domine visiblement dans les dernières séries.

Influence du lieu de naissance.

Sur les 11,639 décès, il en est 5,458 qui tombent sur des individus étrangers à Bordeaux par leur naissance.

C'est presque toute une population d'adultes qui, après avoir épuisé dans le lieu natal les chances de mort en bas âge, viennent se mêler à la population bordelaise.

Je dis que ces étrangers sont presque tous adultes.

En effet, dans le tableau ci-joint, chaque série d'âge désigne le nombre d'individus nés hors Bordeaux. Ainsi, pour les décès d'un an, il ne se trouve que 62 étrangers, ce qui fait environ 5 à 6 pour 1,000; tandis que la totalité des étrangers est de 46 à 47 pour 100.

Dans le chiffre mortuaire à partir de dix ans, les étrangers dominent avec une supériorité toujours croissante; il semble qu'ils envahissent la population tout entière, au point que l'on pourrait dire que, dans Bordeaux, il n'est pas toujours facile de découvrir des Bordelais.

Voici la proportion d'étrangers que chaque série d'âge renferme par rapport à 100 individus décédés du même âge :

De 10 à 20 ans 0.52
De 20 à 30 . . . . 0.69
De 30 à 40 . . . . 0.69
De 40 à 50 . . . . 0.75
De 50 à 60 . . . . 0.70
De 60 à 70 . . . . 0.65
De 70 à 80 . . . . 0.66
De 80 à 90 . . . . 0.69
Au delà de 90 . . . . 0.62

En voyant cette supériorité du chiffre des étrangers dominer sans discontinuation jusqu'aux dernières limites de la vieillesse, l faut conclure qu'ils s'établissent en permanence dans la ville.

Voilà une appréciation mathématique de l'immigration dans Bordeaux. Quelle est la part qui revient à chaque département de la France, et même à chaque pays du monde, dans cette affluence de flots divers vers le fleuve girondin? Au tableau A est annexée une colonne pour faire apprécier cette circonstance géographique; on y voit le chiffre qui revient à chacun des lieux de naissance.

Avec ces données, on peut même arriver à connaître presque tous les éléments hétérogènes de la population bordelaise, en prenant pour point de départ le nombre de 160,000 habitants. On trouve ainsi, par exemple, qu'actuellement, dans Bordeaux, il y a près de 9,594 individus venus des Basses-Pyrénées. En répétant cette application pour chacun des départements qui ont fourni un contingent à la mortalité, on pourrait analyser tous les éléments étrangers qui constituent la population de la ville.

Nous renvoyons d'ailleurs au tableau A, où nous distribuons par lieu de naissance, les individus décédés dans la ville.

En voyant la part qui revient à un grand nombre de pays étrangers, on est frappé de l'infériorité relative de plusieurs de nos départements. Nous en trouvons l'explication facile dans la position géographique de Bordeaux, dont les relations commerciales s'étendent avec l'univers entier.

Il y aurait donc, dans la population bordelaise, au moins une centaine d'espèces de colonies qui se balancent et s'entre-croisent; d'où doit résulter un fait excessivement important au point de vue hygiénique : le croisement des races. Il est incontestable que telle ou telle fraction d'un territoire a un type physique, moral, intellectuel, qui lui est spécial, doué de certains avantages comme de certains inconvénients. L'immobilité de ces parties de population abâtardirait bientôt le type, en empirant surtout les éléments désavantageux. Il ne peut donc y avoir qu'un immense profit pour l'amélioration des masses à voir l'habitant du Nord aller s'unir à celui du Midi, et celui de l'Ouest à celui de l'Est.

L'hygiène publique, qui doit occuper une grande place dans la sollicitude d'un gouvernement éclairé, n'est pas la seule à s'intéresser dans la connaissance des divers éléments qui composent la population des grandes villes. L'économie sociale ne doit-elle pas se préoccuper aussi des mobiles qui font marcher les populations les unes vers les autres? Elle peut y saisir la sympathie ou l'antipathie qui existe entre elles; et, par ses nombreux moyens d'influence, un gouvernement ne peut-il pas harmoniser ainsi ces tendances au déplacement en les dirigeant vers tel ou tel sens, suivant le besoin des masses ? Voilà les points de vue sous lesquels on peut envisager cette étude pour les besoins industriels, agricoles et économiques. Faisons-en une application locale. Une fabrique importante de Bordeaux a besoin d'hommes laborieux, robustes, sobres, se contentant de gages modérés. Où les prendre ? Elle les recrutera dans les Basses-Pyrénées, parce que la population de ce département a des tendances à l'expatriation, et qu'elle a ensuite des qualités physiques et morales qui la caractérisent. C'est ce que fait l'usine de M. Vieillard.

Influence des mois et des saisons.

1° **Mois.** — Nous partageons les 11,639 décès dans les douze mois de l'année, en indiquant la moyenne journalière pour chacun :

Mois.	Décès.	Moyenne journalière du mois
Janvier	1,061	11.38
Février	1,015	12.07
Mars	1,091	11.70
Avril	880	9.76
Mai	890	9.54
Juin	712	7.90
Juillet	1,077	11.58
Août	1,066	11.45
Septembre	916	10.16
Octobre	964	10.35
Novembre	949	10.53
Décembre	1,018	10.93
Total	11,639	10.61

Voici l'ordre des mois en commençant par celui qui donne la moyenne la plus élevée : Février, mars, juillet, août, janvier, décembre, novembre, octobre, septembre, avril, mai, juin. Entre la moyenne la plus élevée et la plus basse, il y a une différence de 4.17.

Dans les trois années 1858, 1859, 1860, pendant vingt-six fois la mortalité journalière, dont la moyenne est 10.61, a dépassé le nombre 19. Voici ces vingt-six fois, avec leur mortalité en regard :

Journées.	Mois.	Années.		Décès.
15	Juillet	1859	. . . .	37
2	Mars	1860	. . . .	26
3	Février	1860	. . . .	23
10	Mars	1860	. . . .	23
14	Juillet	1859	. . . .	23
15	Août	1859	. . . .	23
8	Janvier	1858	. . . .	22
9	—	1858	. . . .	22
15	—	1858	. . . .	22
16	—	1858	. . . .	22
17	—.	1858	. . . .	22
15	Février	1860	. . . .	22
1	Septembre	1858	. . . .	22
31	Août	1859	. . . .	22
2	Janvier	1860	. . . .	21
20	—	1859	. . . .	21
10	—	1858	. . . .	20
13	—	1858	. . . .	20
20	—	1858	. . . .	20
17	Août	1859	. . . .	20
30	Juillet	1859	. . . .	20
4	Septembre	1859	. . . .	20
11	Octobre	1858	. . . .	20
27	—	1859	. . . .	20
5	Décembre	1858	. . . .	20
30	—	1859	. . . .	20

Pendant trente-trois fois, la mortalité journalière a été inférieure à 5. Voici ces 33 journées, avec leur mortalité en regard :

15	Novembre	1858	. . . .	4
30	—	1858	. . . .	4
24	Décembre	1860	. . . .	4
22	Juillet	1858	. . . .	4
30	Janvier	1860	. . . .	4
28	Septembre	1859	. . . .	4
6	Octobre	1860	. . . .	4
25	—	1858	. . . .	4
19	Juin	1859	. . . .	4
20	—	1860	. . . .	4

23	Juin	1860	. . . .	4
29	—	1858	. . . .	4
4	Février	1858	. . . .	4
26	—	1858	. . . .	4
12	Mai	1858	. . . .	4
1	Juillet	1860	. . . .	3
20	—	1860	. . . .	3
3	Janvier	1859	. . . .	3
23	—	1859	. . . .	3
15	Septembre	1858	. . . .	3
18	—	1860	. . . .	3
9	Octobre	1859	. . . .	3
18	Juin	1858	. . . .	3
11	Mai	1859	. . . .	3
30	—	1858	. . . .	3
26	Juillet	1860	. . . .	2
4	Janvier	1859	. . . .	2
22	Juin	1858	. . . .	2
25	Juin	1859	. . . .	2
4	Mai	1860	. . . .	2
18	Juin	1859	. . . .	1
9	Janvier	1859	. . . .	1
2	Avril	1859	. . . .	0

Parmi les 16 jours les plus chargés :

Janvier	. . . .	intervient	7 fois.
Février	. . . .		2 —
Mars	. . . .		2 —
Juillet	. . . .		2 —
Août	. . . .		2 —
Septembre	. . . .		1 —

Parmi les 16 jours les moins chargés :

Janvier	. . . .	intervient	4 fois.
Juin	. . . .		4 —
Mai	. . . .		3 —
Septembre	. . . .		2 —
Avril, juillet, octobre	. . . .		3 —

Janvier figure à la fois dans les deux groupes et au premier rang ; il en est de même pour juillet et septembre. quoique leur double intervention soit beaucoup moins prononcée.

2° **Saisons.** — En distribuant les 11,639 décès dans les quatre saisons, on a le résultat suivant :

Hiver (décembre, janvier, février). . . . . . 26 p. %.
Printemps (mars, avril, mai) . . . . 24 —
Été (juin, juillet, août) . . . . 24 —
Automne (septembre, octobre, novembre). 25 —

Si l'influence des mois sur la mortalité est visible, celle des saisons ne l'est pas autant.

Si l'on étudie l'influence des saisons et des mois sur la mortalité pour deux périodes particulières de la vie, l'enfance et la vieillesse, on la saisit davantage que sur la mortalité générale.

Ce qui suit le prouve.

1° Pour le premier mois de la vie, l'ordre de mortalité mensuelle est le suivant :

Septembre, décembre, mars, juillet, octobre, février, janvier. août, novembre, avril, mai, juin. Entre le mois le plus et le moins chargé, la différence est de 54.

La part des saisons est ainsi faite :

Hiver. . . . . 27 p. %.
Printemps . . . . 22 —
Été. . . . . 22 —
Automne. . . . . 27 —

2° Pour les vieillards ultra-septuagénaires (1,869), l'ordre de mortalité mensuelle est le suivant :

Janvier, mars, février, décembre, avril. novembre, juillet. mai, octobre, juin, août, septembre. Cet ordre est bien différent du précédent. Septembre est à l'extrémité opposée. Janvier est le premier, au lieu d'être le septième, etc.

Hiver. . . . . 34 p. %.
Printemps . . . . 26 —
Été. . . . . 19 —
Automne. . . . . 20 —

Ainsi. l'hiver est encore plus fatal à la vieillesse qu'aux nouveau-nés. Le froid tue les vieillards, ou, au moins, contribue à les tuer, parce qu'ils ne peuvent plus faire assez de calorique pour compenser la perte qu'ils en font. Cette raison physiologique est applicable aussi à la mortalité des nouveau-nés ; mais il faut y ajouter la faiblesse constitutionnelle pour beaucoup d'entre eux.

Influence de la misère et de l'aisance (1).

Misère. — Pour constater la misère, nous avons réuni :

1o Les décès qui ont eu lieu dans les divers hospices de la ville, en exceptant néanmoins l'Hôpital Militaire et l'Asile des Aliénées, mais en y comprenant les petits hospices qui sont indépendants de l'administration, comme celui du Tondu et de la rue Judaïque (Petites-Sœurs des Pauvres) ;

2o Les cas où il y avait inscription au Bureau de bienfaisance ;

3o Les individus qui, par leur profession et leur domicile, prouvent évidemment leur état indigent.

De cette façon, nous avons fait les groupes suivants, avec une proportion sur le nombre de décès :

1o Hospices. . . . . 2,890 : 24 à 25 p. %.
2o Bureau de bienfaisance . . . . 774 : 6 à 8 —
3o Total pour la misère secourue administrativement . . . . 3,664 : 31 à 32 —
4o Misère privée . . . . 1,536 : 13 à 14 —
5o Total pour la misère en général . . . 5,200 : 44 à 45 —

Aisance. — Pour mettre dans la classe aisée, nous avons accepté comme droit d'entrée la qualification de rentiers, de propriétaires, de hauts fonctionnaires, de négociants, et nous y avons introduit les diverses carrières libérales : Magistrats, militaires haut gradés, avoués, notaires, médecins, pharmaciens, ingénieurs, courtiers, gros industriels, etc., 1,019 : 8 à 9 p. %.

Nous croyons que ces résultats de notre statistique ont une exactitude suffisante pour éclairer l'administration sur l'état du paupérisme à Bordeaux. Dans le chiffre des individus secourus par l'assistance publique, il y a surtout un reflet fidèle de la situation

(1) Cette étude n'est placée ici que pour pouvoir étudier plus tard l'influence de la misère et de l'aisance sur les causes mortuaires.

sociale. Près d'un tiers de la population mortuaire participe aux bienfaits de cette assistance. Le véritable progrès de la civilisation doit avoir pour but de rendre de moins en moins nécessaire cette intervention philanthropique de l'administration. Au nombre des moyens capables de faire atteindre ce but, se distingue l'institution des Sociétés de Secours mutuels et des Caisses d'épargne.

Influence des professions.

3,588 bulletins la désignent (1).

Nous réunirons en un seul groupe les professions qui présentent une analogie au point de vue de leur hygiène.

A part les groupes nos 2 et 3, presque tous les autres appartiennent à des professions masculines. A chacun des groupes est jointe la proportion pour 100 par rapport aux 3,588 individus :

1º Professions masculines purement matérielles : terrassiers, portefaix, porte-pièces, manœuvres, journaliers, hommes de peine, rouleurs, hisseurs, sacquiers, emballeurs, domestiques. . . . .   545 : 15 à 16 p. %.

2º Professions féminines à gages : cuisinières, journalières, servantes, femmes de chambre. . . . .   375 : 10 à 11 —

3º Professions féminines : couturières, lisseuses, modistes, lingères, tailleuses, blanchisseuses . . . .   263 : 7 à 8

4º Professions mettant en contact avec les métaux, le feu, les machines, la vapeur, le gaz : serruriers, forgerons, cloutiers, couteliers, charrons, taillandiers, ferblantiers, potiers, fondeurs, chaudronniers, verriers, faïenciers, chauffeurs, raffineurs, mécaniciens, etc. . . . .   182 : 5 à 6 —

5º Propriétaires, rentiers. . . . .   160 : 4 à 5 —

A reporter. 1,525

(1) Cette étude n'est placée ici que pour pouvoir étudier plus tard l'influence des professions sur les causes mortuaires.

Report. 1,525

6o Cordonniers	160 :	4 à 5 p. %.
7o Marins, matelots, bateliers	155 :	4 à 5 —
8o Ouvriers ruraux : laboureurs, vigne-rons, pasteurs, jardiniers.	130 :	3 à 4 —
9o Professions pour bâtisses : maçons, tailleurs de pierres, marbriers, mineurs, couvreurs, plâtriers, entrepreneurs. . . .	125 :	3 à 4 —
10o Professions en contact avec le bois : menuisiers, charpentiers, ébénistes, tour-neurs, scieurs, sabotiers, sculpteurs. . .	120 :	3 à 4 —
11o Militaires, octroyens, douaniers, gardes, facteurs.	115 :	3 à 4 —
12o Tonneliers	110 :	3 à 4 —
13o Charretiers, cochers, palefreniers, conducteurs, bouviers	95 :	2 à 3 —
14o Employés.	83 :	2 à 3 —
15o Tailleurs, selliers.	81 :	2 à 3 —
16o Petits marchands et industriels. . .	75 :	2 à 3 —
17o Négociants, financiers	75 :	2 à 3 —
18o Militaires gradés, capitaines de na-vire.	60 :	2 à 3 —
19o États religieux : prêtres et reli-gieuses.	60 :	1 à 2 —
20o Commis.	60 :	1 à 2 —
21o Professions infimes : mendiants, chiffonniers, décrotteurs, remouleurs, col-porteurs, musiciens ambulants, ramo-neurs.	60 :	1 à 2 —
22o Boulangers, pâtissiers, confiseurs. .	55 :	1 à 2 —
23o Carrières libérales : avocats, méde-cins, pharmaciens, notaires, avoués, ar-chitectes, ingénieurs, courtiers, magis-trats	55 :	1 à 2 —
24o Peintres, doreurs, vitriers.	45 :	1 à 2 —
25o Professeurs, instituteurs, écrivains.	37 :	1 à 2 —
26o Voiliers, cordiers, tisserands, ma-telassiers, fileurs, tanneurs, vanniers . .	35 :	1 à 2 —

A reporter. 3.316

Report. 3.316

27° Marchands . . . .   30 : 1 à 2 p. %(1).
28° Bijoutiers, horlogers, graveurs. . .   20 : 1 à 2 —
29° Imprimeurs. . . . .   20 : 1 à 2 —
30° Coiffeurs, perruquiers . . . .   16 : 1 à 2 —
31° Filles publiques. . . . .   16 : 1 à 2 —
32° Bouchers, charcutiers . . . .   15 : 1 à 2 —
33° Relieurs, cartonniers. papetiers . .   14 : 1 à 2 —
34° Aubergistes, restaurateurs. . . . .   14 : 1 à 2 —
35° Chapeliers . . . .   12 : 1 à 2 —
36° Tapissiers. . . . .   12 : 1 à 2 —
37° Accoucheuses. . . . .   6 : 1 à 2 —

38° Quatre - vingt - dix - sept bulletins signalent d'autres professions ; mais le nombre d'individus qui revient à chacune d'elles est trop restreint pour être utilisé dans notre statistique   97

Total. 3,588

Autant que possible, nous chercherons la part qui revient à chacun de ces groupes de professions, en étudiant chacune des causes de décès. Le plus souvent, après avoir donné le nombre d'individus appartenant à un groupe morts par une cause quelconque, nous donnerons la proportion pour 100 des individus du même groupe qui doivent succomber à la même cause, en sorte qu'on aurait ainsi l'histoire médicale de chaque profession, si on appliquait cette opération à chacune d'elles.

(1) La règle de proportion donne un résultat inférieur à 1 pour les 12 derniers groupes ; mais, eu égard au grand nombre d'individus dont la profession n'a pas été désignée, on peut, sans crainte d'erreur, adopter les résultats ci-dessus pour ces petits groupes.

DEUXIÈME PARTIE

DES DÉCÈS CONSIDÉRÉS DANS LEURS ESPÈCES ÉTIOLOGIQUES.

————

DES DÉCÈS ENVISAGÉS AU POINT DE VUE DE LEURS CAUSES NON MORBIDES.

L'homme peut mourir avant d'avoir participé à la vie extra-utérine ; il peut mourir presque au début de celle-ci, soit par la faiblesse, soit par le vice de son organisation ; il peut encore mourir à l'autre pôle de la vie par le seul fait de l'usure de son organisation.

On voit que, dans ces morts, la maladie n'intervient nullement ; c'est la nature seule qui traite directement avec l'homme la question de son existence. Ce sont donc des décès par causes naturelles. Cette considération embrasse les morts-nés, les morts par débilité congéniale, par vices d'organisation, par vieillesse. En dehors de ces diverses conditions de morts naturelles, l'homme peut encore mourir à tout âge de la vie sans l'intervention d'une cause morbide, par un accident extérieur. Nous voici amenés à étudier :

1º Les morts-nés ;

2º Les morts par faiblesse originelle ou vice d'organisation ;

3º Les morts par vieillesse ;

4º Les morts par accident extérieur.

DES MORTS-NÉS.

Nous ne faisons pas le procès à l'expression *mort-né :* le fait pathologique en question serait mieux exprimé par les mots de *fœtus venu mort.* Nous acceptons le langage usité.

En statistique mortuaire, on est dans l'usage de faire des morts-nés une catégorie spéciale qui n'entre nullement dans les considérations à faire sur les décès ou les naissances.

Degré de fréquence.

Années.		Morts-nés.
1858	. . . .	290
1859	. . . .	301
1860	. . . .	290
	Total.	881

La moyenne annuelle est donc : 293 à 294.

Par rapport aux décès en général, la proportion est de 7 à 8 p. %.

Par rapport aux naissances, la proportion est encore de 7 à 8 p. %.

Annuellement, par 10,000 habitants, il y a 18 à 19 morts-nés.

Influence de l'âge intra-utérin des morts-nés.

Au terme de 9 mois.	65 à 66 p. %.
— 8 à 9 mois	9 à 10 —
— 7 à 8 —	11 à 11 —
— 6 à 7 —	12 à 13 —
— 5 à 6 —	16 à 17 —
Au-dessous	5 à 6 —

Influence du sexe.

Dans toutes les statistiques, le sexe masculin domine toujours : notre résultat est 58 à 59 p. %.

Influence de la misère et de l'aisance.

Hospices	105 : 11 à 12 p. %.
Misère privée.	290 : 32 à 33 —
Total de la misère.	395 : 44 à 45 —
Aisance	41 : 4 à 5 —

Sur 100 indigents dont notre statistique fait mention, la part des morts-nés survenus dans ces mêmes conditions d'indigence est de 7 à 8.

Sur 100 décès riches, la part des morts-nés venus dans les mêmes conditions est de 3 à 4.

La différence en faveur de la richesse n'empêche pas d'admettre que l'aptitude fâcheuse qui provoque des morts-nés dépend beaucoup plus qu'on ne pense d'un état particulier de la femme ; que les circonstances auxquelles on a l'habitude d'attribuer ces accidents ne jouent qu'un rôle secondaire, puisque ces circonstances, très-communes dans la classe pauvre, n'augmentent pas d'une manière très-sensible le nombre des morts-nés chez elle.

La conclusion pratique est qu'il faut s'occuper de la constitution de la femme avant tout, quand on veut prévenir le retour de ces accidents.

Influence des mois et des saisons.

Distribution mensuelle des 881 morts-nés, avec leur proportion par rapport à la somme mensuelle des naissances régulières.

Janvier . . . 72 : 7 à 8 pr 100 naissances régulières.
Février . . . 89 : 9 à 10 — —
Mars . . . . 77 : 7 à 8 — —
Avril . . . . 72 : 7 à 8 — —
Mai . . . . . 71 : 7 à 8 — —
Juin . . . . . 61 : 6 à 7 — —
Juillet . . . . 60 : 6 à 7 — —
Août . . . . 67 : 5 à 6 — —
Septembre . 72 : 7 à 8 — —
Octobre . . . 79 : 6 à 7 — —
Novembre . . 84 : 8 à 9 — —
Décembre . . 77 : 7 à 8 — —

Total . . . 881 : 7 à 8

Hiver . . . . 238 { 28 à 29 pr 100 morts-nés.
{ 8 à 9 — naissances régulières.
Printemps . . 220 { 24 à 25 — morts-nés.
{ 7 à 8 — naissances régulières.
Été . . . . . 188 { 21 à 22 — morts-nés.
{ 6 à 7 — naissances régulières.
Automne . . 235 { 26 à 27 — morts-nés.
{ 7 à 8 — naissances régulières.

Le mois le plus fécond en morts-nés, par rapport aux naissances régulières, est le mois de février. Le mois opposé est le mois d'août.

La saison où il y a le plus de morts-nés, eu égard aux naissances régulières, est l'hiver; la saison opposée est l'été.

Morts-nés légitimes et illégitimes.

La proportion est la même que pour les naissances régulières : 33 à 34 p. %.

Détails médicaux sur les morts-nés.

Sur les 881 bulletins, 404 seulement donnent quelques détails médicaux ; nous les avons distribués de la manière suivante :

Décès intra-utérins survenus avant le début de l'accouchement.	134 :	33 à 34 p. %.
Accidents extérieurs, chutes, fatigues, etc.	53 :	13 à 14 —
Présentations irrégulières.	34 :	8 à 9 —
Grossesses gémellaires (la proportion doit être prise sur le total 881).	31 :	3 à 4 —
Accouchements laborieux (sans autres détails).	27 :	6 à 7 —
Applications de forceps (sans autres détails).	17 :	4 à 5 —
Fœtus exposés (la proportion doit être prise sur le total 881)	17 :	1 à 2 —
Versions (sans autres détails)	15 :	3 à 4 —
Maladies de la mère	16 :	3 à 4 —
Action du cordon ombilical	14 :	3 à 4 —
Organes de la gestation malades.	11 :	2 à 3 —
Fœtus malades ou difformes.	9 :	2 à 3 —
Bassins viciés	8 :	1 à 2 —
Mères affaiblies par la misère	8 :	1 à 2 —
Fœtus asphyxiés au passage par un trop long séjour.	8 :	1 à 2 —
Saignées intempestives.	2 :	0 à 0 —
Total.	404	

EXPLICATION DES GROUPES.

Décès intra-utérins avant le début de l'accouchement.

La cause de cette mort fœtale est quelquefois signalée, et se trouve, par suite, parmi celles que nous désignerons plus bas; mais, le plus souvent aussi, elle reste inconnue. L'époque antérieure à l'accouchement, pour ces décès intra-utérins, n'est déterminée que pour 81 cas :

1º De 35 jours	1
2º De 1 mois.	8
3º De 21 jours	7
4º De 20 —	2
5º De 15 —	20
6º De 12 —	4
7º De 10 —	2
8º De 9 —	1
9º De 8 —	20
10º De 7 —	2
11º De 6 —	3
12º De 5 —	3
13º De 4 —	1
14º De 3 —	4
15º De 2 —	3
Total.	81

Le signe de cette mort anté-obstétricale se trouve, pour la femme, dans la cessation complète des mouvements de l'enfant; et, quand l'accoucheur ou l'accoucheuse ont été appelés en temps opportun, il s'y joint un nouveau signe de mort, c'est la cessation des battements cardiaques du fœtus; enfin, il y a un troisième signe qui ne peut parler, il est vrai, qu'après les couches, c'est l'état de putréfaction plus ou moins avancée où se trouve le fœtus.

Accidents extérieurs, chutes, fatigues, etc.

23 bulletins parlent de chutes de la mère, surtout de chutes dans les escaliers, 12 de diverses émotions, 18 de fatigues, d'ef-

forts, de coups, de secousses, de voyages en chemin de fer.
Voilà donc 53 cas où le vulgaire voit la cause principale et la
plus fréquente d'un avortement, d'un accouchement prématuré.
d'un décès intra-utérin. Nous verrons plus bas combien il faut se
défier de ces causes mécaniques pour expliquer scientifiquement
un aussi grand nombre de grossesses malheureuses.

Présentations irrégulières.

Elles se distribuent comme il suit : 12 présentations des pieds.
9 du siége, 7 des épaules, 1 de la tête, 5 présentations non pré-
cisées.

Grossesses gémellaires.

La circonstance d'une grossesse double ou triple influe beaucoup sur l'issue d'un accouchement. La multiplicité des fœtus
entrave leur développement complet, et peut occasionner leur
mort au sein des organes maternels.

Maladies de la mère.

Éclampsies, fièvres intermittentes, phthisie, anasarque, grippe,
diarrhée, hydropisie, péritonite, épilepsie, maladie de matrice,
indigestion, constitution faible, lymphatisme, obésité.

Action du cordon ombilical.

14 bulletins accusent le cordon ombilical comme la cause directe de la mort du fœtus : 6 compressions du cordon, 4 proci-
dences, 4 enroulements autour du cou. Ce dernier cas est une
circonstance excessivement importante au point de vue de la
médecine légale.

Un cordon qui fait un certain nombre de circonvolutions autour
du cou et du thorax peut être un fait purement accidentel, et, si
on ne trouve pas d'autres circonstances, on ne doit pas l'imputer
uniquement à une intervention criminelle. Dernièrement nous
avons eu à constater le décès d'un fœtus mort, venu au monde au
milieu de circonstances assez mystérieuses, et chez lequel le cordon
faisait des circonvolutions nombreuses autour des régions cervicale.

axillaire et thoracique. Une intervention criminelle n'a pu être prouvée, non-seulement par des témoignages, mais encore par un examen médical complet.

Fœtus exposés.

17 fœtus ont été exposés dans divers lieux : églises, cimetières, places, rues, etc., etc., ou jetés dans des ruisseaux et des lieux d'aisances.

Organes de la gestation malades.

Décollements, apoplexie et maladies du placenta et du cordon ombilical, hydropisies des membranes.

DES PRIMIPARES ET DES MULTIPARES.

Il aurait été intéressant de connaître de quel côté se trouvait le maximum des morts-nés, du côté des primipares ou des non-primipares. Malheureusement, nos bulletins ne répondent que très-rarement à cette question.

Ainsi, 46 fois ils désignent une primipare et 44 fois une non-primipare. S'il est permis de tirer quelques conclusions de ce document si faible vis-à-vis le nombre de 881, on pourrait admettre que les primipares mettent au monde des morts-nés plus fréquemment que les multipares. Un détail très-intéressant à bien des points de vue se tire du nombre des non-primipares qui ont eu des morts-nés : c'est que, sur 44, près de la moitié ont eu leurs couches signalées par le même accident.

Ainsi, parmi les femmes qui mettent au monde des morts-nés, un grand nombre doivent en accuser plutôt un état spécial de leur constitution que telle ou telle cause en particulier.

Que de femmes l'on voit s'efforcer d'interrompre une grossesse régulière sans pouvoir réussir, malgré les moyens violents employés ! La mère d'Angélina Lemoine ne lui faisait-elle pas rouler fréquemment le penchant d'une colline pour provoquer un avortement ? En face de ce fait et de tant d'autres qui lui ressemblent, le médecin voit des femmes recourir en vain à toutes les précautions que suggère l'ardent désir de mener une grossesse à terme. Parmi les 44 non-primipares, nos bulletins en mentionnent qui ont eu jusqu'à sept naufrages dans cette traversée de neuf mois.

En traitant de l'influence de la misère, nous avons encore agité cette question.

DES DÉCÈS PAR DÉBILITÉ CONGÉNIALE OU PAR VICE ORIGINEL DE CONFORMATION.

331.

Un enfant peut mourir après sa naissance :

1º Parce qu'il a souffert pendant l'accouchement ;

2º Parce qu'il a été débilité, pendant la vie intra-utérine, par une grossesse multiple ou par une maladie de la mère ;

3º Parce qu'il a été lui-même malade durant la vie fœtale ;

4º Parce que le développement de son organisation a été troublé.

Tous ces décès, qui ne s'expliquent pas par un accident survenu après la naissance, sont groupés avec raison sous la rubrique de *décès par débilité congéniale ou par vice originel de conformation.* Leur étude se place naturellement après celle des morts-nés.

Degré de fréquence.

Pendant les trois dernières années, ont eu lieu 331 décès dus aux causes que nous avons signalées. Sur ce nombre d'enfants décédés, 91 n'ont pas été enregistrés, à cause de la rapidité de leur mort, qui a eu lieu dans les deux premiers jours de leur naissance.

Par rapport à la mortalité générale, la proportion est de 2 à 3 p. %.

Par rapport au chiffre des naissances, la proportion est la même.

Annuellement, pour 10,000 individus, il en meurt 6 à 7 par l'une de ces causes.

Si nous joignons les morts-nés à cette classe d'enfants décédés, nous trouvons que, sur 100 conceptions venues au moins au terme de quatre mois, il y en a 10 à 11 qui sont malheureuses pour les fœtus.

Influence de l'âge extra-utérin.

Proportion pour 100 individus du groupe.

Nous allons distribuer, par séries d'âge, les 331 décès :

1º	Enfants naissants qui ont vécu au plus 1 hre		22 :	6 à 7	p. %.
2º	—	— plusrs hres. .	40 :	12 à 13	—
3º	—	— 2 jours. . .	29 :	8 à 9	—
4º	—	— 3 — . . .	27 :	8 à 9	—
5º	—	— 4 — . . .	27 :	8 à 9	—
6º	—	— 5 — . . .	13 :	3 à 4	—
7º	—	de 5 à 10 — . . .	68 :	20 à 21	—
8º	—	de 10 à 20 — . . .	54 :	16 à 17	—
9º	—	de 20 j. à 1 mois. . .	31 :	9 à 10	—
10º	—	de 1 à 2 — . . .	11 :	3 à 4	—
11º	—	de 2 à 3 — . . .	5 :	1 à 2	—
12º	—	de 3 à 4 — . . .	4 :	1 à 2	—

Total. 331

On voit que la cause du décès s'épuise peu à peu jusqu'au quatrième mois. Si quelques-uns de ces enfants qui ont succombé dans les dernières séries ont été exposés à l'action d'une cause morbide, leur état de débilité congéniale doit être néanmoins regardé comme la cause principale de leur mort.

Influence de la misère et de l'aisance.

Hospices.	46 :	13 à 14	p. %.
Bureau de bienfaisance	3 :	0 à 0	—
Total pour la misère secourue administrativement	49 :	5 à 6	—
Misère privée.	79 :	23 à 24	—
Total pour la misère en général . .	128 :	38 à 39	—
Aisance	10 :	3 à 4	—

Pour 100 décès pauvres, il y en a 2 à 3 par l'une ou l'autre de ces causes.

Pour 100 décès riches, la part est de 0.98 pour l'une ou l'autre de ces causes.

La classe aisée est visiblement favorisée.

Influence des mois et des saisons.

Janvier	26
Février	38
Mars	28
Avril	26
Mai.	24
Juin.	17
Juillet.	30
Août	18
Septembre	32
Octobre.	36
Novembre.	27
Décembre.	29
Total.	331

Ordre du maximun au minimum : Février, octobre, septembre, juillet, décembre, mars, novembre, janvier, avril (deux mois *ex æquo*), mai, août, juin.

Hiver.	92 : 27 à 28 p. %.
Printemps	67 : 20 à 21 —
Été.	80 : 24 à 25 —
Automne.	92 : 27 à 28 —
Total.	331

L'hiver et l'automne l'emportent sur les autres saisons, surtout sur le printemps.

Causes présumées du décès.

Enfants nés à terme, mais faibles d'organisation.	67 : 20 à 21 p. %.
— mais faibles par grossesse multiple.	26 : 7 à 8 —
Enfants nés entre 8 et 9 mois exclusivement	130 : 39 à 40 —
— — 7 et 8 —	62 : 18 à 19 —
— — 6 et 7 —	22 : 6 à 7 —
— — 5 et 6 —	1 : 0 à 0 —
Enfants nés avec vice de conformation	23 : 6 à 7 —
Total.	331

Enfants illégitimes, 90 : 27 à 28 p. %.

DES DÉCÈS PAR SÉNILITÉ.

333,

333 bulletins désignent la vieillesse comme cause unique du décès.

158 autres bulletins de vieillards, c'est-à-dire d'individus morts après soixante-dix ans, se taisent sur les renseignements médicaux. La plupart de ces bulletins incomplets viennent des asiles où l'assistance publique entretient la vieillesse indigente ; il est probable qu'un grand nombre de ces individus sont morts uniquement de vieillesse. Néanmoins, nous ne pouvons pas en tenir compte, et nous sommes condamné à n'utiliser pour nos études que 333 bulletins.

Degré de fréquence.

Par rapport à la mortalité générale, la proportion est de 2 à 3 p. %.

Annuellement, pour 10,000 habitants, il en meurt au moins 5 à 6 de vieillesse.

Influence de l'âge.

Proportion pour 100.

. Le marasme sénil peut surprendre avant un âge avancé. Bien des causes peuvent provoquer cette vieillesse prématurée : ainsi la misère, une constitution originellement faible ou affaiblie par des causes ayant agi antérieurement. Il est donc vrai que la vieillesse peut s'observer chez d'autres que chez des vieillards. Les chiffres suivants le prouveront :

Après 90 ans. . . .	37	(4^m 33^f) :	44 à 45 p. %.
De 80 à 90 ans. . .	149	(45^m 104^f) :	36 à 37 —
De 70 à 80	110	(41^m 69^f) :	9 à 10 —
De 60 à 70	27	(7^m 20^f) :	2 à 3 —
De 50 à 60	10	(6^m 4^f) :	0.89 —
Total.	333	(103^m 230^f)	

C'est après quatre-vingt-dix ans qu'on meurt le plus par marasme sénil ; et cela doit être.

Influence du sexe.

La part du sexe féminin domine visiblement : 69 à 70 p. %.
La raison en est certainement ailleurs que dans la constitution
de la femme.

Influence du célibat.

59 célibataires (9 hommes, 50 femmes) : 14 à 15 p. %.

Ainsi, sur 100 de ces vieillards, 15 à 16 se trouvent privés des
consolations de la famille, et s'éteignent dans l'isolement.

Influence de la misère et de l'aisance.

Hospices.	61 : 18 à 19 p. %.	
Bureau de bienfaisance	20 : 6 à 7	—
Total pour la misère secourue administrativement	81 : 24 à 25	—
Misère privée	33 : 9 à 10	—
Total pour la misère.	114 : 34 à 35	—
Aisance	84 : 25 à 25	—

Sur 100 décès pauvres, la part de la sénilité est de 2 à 3 p. %.
Sur 100 décès riches, elle est de 8 à 9 p. %.
Cette supériorité s'explique facilement.

Influence des mois et des saisons.

Janvier.	30 cas.
Février.	37 —
Mars.	42 —
Avril.	36 —
Mai.	27 —
Juin	24 —
Juillet	28 —
Août.	17 —
Septembre.	17 —
Octobre	13 —
Novembre	27 —
Décembre . . . :	35 —
Total.	333

Ordre du maximum au minimum : Mars, février, avril, décembre, janvier, juillet, mai, novembre (deux mois *ex æquo*). juin, août, septembre (deux mois *ex æquo*), octobre.

Hiver . . . . 103 cas : 30 à 31 p. %.
Printemps . . . . . 105 — : 31 à 32 —
Été . . . . 68 — : 20 à 21 —
Automne . . . . . . 57 — : 17 à 18 —
Total 333

Le printemps paraît un peu plus fatal que l'hiver. L'automne paraît beaucoup privilégié.

Influence des professions.

120 bulletins désignent la profession.

Proportion pour 100 individus du même groupe.

Propriétaires, rentiers . . . . 21 : 13 à 14 p. %.
Professions féminines à gages . . . 13 : 3.46 —
Ouvriers ruraux . . . . 11 : 8 à 9 —
Professions masculines purement
matérielles . . . . 11 : 1.10 —
Tonneliers . . . . 8 : 7 à 8 —
Cordonniers . . . . 5 : 3.12 —
Capitaines de navires, officiers . . 5 : 8 à 9 —
Négociants, banquiers . . . . 5 : 6 à 7 —
Professions féminines . . . . 5 : 1.90 —
Professions en contact avec les métaux, etc . . . . 4 : 2.19 —
Anciens employés . . . . 4 : 4.81 —
Professions à bâtisses . . . . 4 : 3.20 —
Vingt-quatre autres professions . . 24
Total 120

La proportion des rentiers et des propriétaires domine toutes les autres en chances de sénilité; viennent ensuite les capitaines de navire et les ouvriers ruraux.

Influence du lieu de naissance.

Comme complément de nos études sur la sénilité, nous ajouterons cette considération :

La part pour Bordeaux est de . . . 110 : 34 à 35 p. %.
Celle du reste du département. . . 100 : 31 à 32 —
Celle des autres départements. . . 96 : 30 à 31 —
Celle des pays étrangers . . . . . . 12 : 3 à 4 —
Lieux non désignés 15

On voit, par ce résultat, que la part de la ville de Bordeaux est bien faible, puisqu'elle est bien inférieure à la moitié.

La part des autres départements est considérable, et celle des pays étrangers est assez notable. C'est une appréciation mathématique de l'immigration vers Bordeaux.

Nous ajouterons que les Basses-Pyrénées et la Haute-Garonne donnent le contingent le plus élevé, 13 chacun : 3 à 4 p. %.

DES DÉCÈS PAR ACCIDENTS EXTÉRIEURS OU MORTS VIOLENTES. OU MORTS ACCIDENTELLES EN GÉNÉRAL.

397.

Cette qualification de *mort accidentelle ou violente* n'exclut pas absolument la présence d'une maladie. Si l'on ne meurt pas immédiatement après un accident, il peut bien survenir une maladie, comme, par exemple, après une chute, après l'ingestion d'un poison, après l'explosion d'une arme à feu, etc.

Mais, si l'accident a joué le rôle primitif, et par suite déterminant la mort, c'est à l'accident qu'il est logique de l'imputer, même quand il y a le concours d'une maladie consécutive.

Cette catégorie des décès par accidents ou causes violentes est la plus exacte de celles que l'on admet en statistique mortuaire. On est sûr que la cause du décès est exacte, puisque le premier venu, le plus souvent, est capable de l'apprécier; ce qui ne peut se dire, par exemple, du diabète sucré, d'une maladie d'organe intérieur. Ensuite, il ne peut y avoir qu'une très-faible omission dans la collection particulière de ces décès, puisque, le plus souvent, un grand nombre appartiennent à la juridiction de la police judiciaire. Ainsi, la catégorie des décès par accidents doit être une des plus exactes, soit pour la quantité, soit pour la qualité. Avant d'étudier chacune de ces espèces de décès en particulier, nous donnerons quelques considérations générales, que nous ferons précéder du tableau suivant :

Tableau des morts accidentelles.

Traumatismes : Contusions, plaies, chutes, écrasements, accidents de voiture.	96
Fractures	56
Luxations	4
Submersions involontaires	76
Hernies étranglées	64
Suicides	30
Brûlures	20
Asphyxies involontaires	9
Décès par empoisonnement	9
— abus alcooliques	9
— crimes	6
— indigestions	3
— exécutions juridiques	3
— purgatif Leroy	2
— fulguration, rage, disette en mer, duel, insolation presque foudroyante	5
— cadavres trouvés	2
— morts accidentelles indéterminées	3
Total	397

Degré de fréquence.

Les morts accidentelles entrent pour 3.41 p. % dans la mortalité générale.

Pour 10,000 habitants, à Bordeaux, il en meurt annuellement 8 à 9 par mort violente.

Ces résultats de notre statistique sont d'autant plus exacts, qu'ils se rapprochent beaucoup de ceux obtenus par le docteur Marc d'Espine.

Ainsi, en défalquant la somme des décès dus aux troubles civils, ce statisticien a trouvé, pour le canton de Genève, 3.96.

Pour l'Angleterre, le même auteur signale le résultat de 3.40 p. %, en faisant observer, néanmoins, qu'il doit y avoir une omission, à cause du mode vicieux de la constatation des suicides. On sait qu'en Angleterre, les familles ont intérêt à cacher les causes de décès par suicide.

D'après M. Marc d'Espine, l'Angleterre et le canton de Genève seraient les deux seuls pays qui auraient un système régulier et général d'enregistrement pour les morts accidentelles. Telle est la confiance de cet auteur dans l'exactitude de ces résultats, qu'il regarde comme erronée toute proportion soit inférieure à 3 p. %, soit supérieure à 4 p. %; et qu'ainsi, la différence des morts accidentelles, dans les divers pays, n'est pas aussi sensible qu'on pourrait le présumer, eu égard à la différence de la civilisation. Il est bien entendu qu'il faut ici élaguer les décès par guerres ou par troubles civils.

Le résultat que nous avons obtenu pour les décès bordelais tendrait à confirmer le principe admis par l'auteur de la *Statistique mortuaire comparée.*

Influence de l'âge.

13 bulletins ne signalent pas l'âge.

Proportion pour 100.

Après 70 ans	61	(29m	32f)	: 3 à 4 p. %.
De 60 à 70 ans . . .	36	(23m	13f)	: 2 à 3 —
De 50 à 60	48	(33m	15f)	: 4 à 5 —
De 40 à 50	47	(39m	8f)	: 5 à 6 —
De 30 à 40	49	(33m	16f)	: 5 à 6 —
De 20 à 30	62	(52m	10f)	: 5 à 6 —
De 10 à 20	43	(28m	15f)	: 5 à 6 —
De 5 à 10	10	(7m	3f)	: 3 à 4 —
Au-dessous de 5 ans.	28	(18m	10f)	: 0.75 —
Total.	384	(262m	122f)	

De dix à cinquante ans, les périodes sont à peu près également frappées; le minimum est au-dessous de cinq ans, puis entre dix et cinq.

Influence du sexe.

Le sexe masculin est le plus atteint ; sa part est de 70 à 71 p. %.
On en comprend facilement la raison. Les femmes sont abritées
contre une foule d'accidents par la nature de leurs occupations.

Influence du célibat.

Les 397 bulletins signalent 89 célibataires, dont 68 hommes et
21 femmes. Mais, comme 37 se taisent pour ce renseignement,
c'est sur 360 qu'il faut chercher la proportion : 24 à 25 p. % ; en
défalquant les individus non adultes, on monte au chiffre de 30 à
31 p. %. Ce grand nombre de célibataires doit être un élément
de consolation publique, au milieu de ces accidents, qui, ordinai-
rement, excitent une émotion plus ou moins générale : c'est qu'il
y a moins de veuves et d'orphelins.

Influence du lieu de naissance.

Nés à Bordeaux	162 : 40 à 41 p. %.
— dans la Gironde.	64 : 16 à 17 —
— — les autres départements	106 : 26 à 27 —
— — les pays étrangers . . .	22 : 5 à 6 —
Lieux non désignés	43

On voit que la part des Bordelais est moindre que la moitié
pour les morts accidentelles.

Influence des mois et des saisons.

Janvier	30
Février	30
Mars	31
Avril	29
Mai	34
Juin	42
Juillet	44
Août	29
Septembre	29
Octobre	40
Novembre	30
Décembre	29
Total	397

L'ordre de fréquence pour les mois est tel : Juillet, juin, octobre, mai, mars, janvier, février, novembre (trois mois *ex æquo*), avril, août, septembre, décembre (quatre mois *ex æquo*).

        Hiver. . . . . 89 : 22 à 23 p. %.
        Printemps . . . . 94 : 23 à 24 —
        Été. . . . . 115 : 28 à 29 —
        Automne. . . . .   99 : 24 à 25 —
        Total. 397

Le maximum de fréquence est en été ; le minimum en hiver.

Le grand nombre d'accidents par submersion en été, et leur rareté en hiver, expliquent ces résultats.

Influence des professions.

231 bulletins signalent la profession des victimes d'accidents. Leur distribution suivante, avec la proportion pour 100 individus du même groupe, donnera une appréciation assez sensible des chances fâcheuses attachées à certaines professions, au point de vue des accidents mortels :

        Marins. . . . . 39 :   25 p. %.
        Professions masculines purement
          matérielles : terrassiers, etc . . 38 : 6 à 7 —
        Professions en contact avec le bois :
          menuisiers, etc. . . . . 19 : 15 à 16 —
        Charretiers, etc. . . . . 17 : 17 à 18 —
        Professions en contact avec les mé-
          taux, etc. . . . . 13 : 7 à 8 —
        Militaires, octroyens, etc. . . . . . 12 : 10 à 11 —
        Professions féminines à gages . . .   9 :   2.40 —
        Ouvriers ruraux : laboureurs, etc.   8 : 6 à 7 —
        Professions à bâtisses : tailleurs de
          pierres, etc. . . . .   8 : 6 à 7 —
        Boulangers, etc.. . . . .   8 : 10 à 11 —
        Propriétaires, rentiers. . . . . . .   6 :   3.75 —
        Tonneliers. . . . .   6 : 5 à 6 —
        Filles publiques   5
        A reporter. 188

Report 188

Peintres, vitriers, etc.	5 :	11 à 12 p. %.
Professions féminines : couturières, etc.	5 :	1.90 —
Capitaines retraités, etc.	4 :	6 à 7 —
Négociants.	2 :	2.66 —
Imprimeurs	2	
Professions infimes : mendiants, etc.	2 :	3.33 —
Coiffeurs.	2	
Cordonniers	2 :	1.25 —
Agents d'affaires.	2	
Dix-sept autres professions	17	
Total.	231	

Le groupe des filles publiques, des imprimeurs, des coiffeurs, ne peut pas autoriser une recherche de proportion, parce que la somme générale de ces conditions professionnelles n'est pas assez forte.

On remarquera la prédisposition considérable des marins, des charretiers, des ouvriers du troisième groupe, pour les accidents mortels.

DES DIVERSES ESPÈCES DE MORTS ACCIDENTELLES.

Traumatismes.

156.

Contusions, plaies, écrasements, chutes, accidents de voiture	96
Fractures.	56
Luxations.	4
Total.	156

Les fractures, au point de vue de leur localisation, se distribuent comme il suit : 20 pour le crâne, 9 fractures multiples sans localisation, 8 pour la colonne vertébrale, 6 pour le col du fémur, 5 pour le corps du fémur, 5 pour la jambe, 2 pour les côtes, 1 pour le bras.

Les 4 luxations ont siégé trois fois à la colonne vertébrale, une fois à la hanche.

Ce groupe de trois variétés serait certainement plus grand, si l'on y ajoutait les accidents de même espèce qui ont occasionné des terminaisons mortelles par l'infection putride, suite d'une opération consécutive. Nous aurons ailleurs un travail spécial sur ces cas.

Degré de fréquence.

Par rapport à la mortalité générale, la proportion est de 1 à 2 p. %.

Par rapport aux autres accidents, la proportion est de 39 à 40 p. %.

Annuellement, à Bordeaux, il meurt 3 à 4 individus par un de ces accidents sur 10,000 habitants.

Influence de l'âge, avec proportion pour 100.

144 bulletins désignent l'âge.

Après 70 ans	22	(10^m	12^f) :	1 à 2 p. %.
De 60 à 70 ans . . .	12	(10^m	2^f) :	1 à 2	—
De 50 à 60	17	(15^m	2^f) :	1 à 2	—
De 40 à 50	19	(17^m	2^f) :	2 à 3	—
De 30 à 40	23	(15^m	8^f) :	2 à 3	—
De 20 à 30	17	(16^m	1^f) :	1 à 2	—
De 10 à 20	21	(20^m	1^f) :	2 à 3	—
De 5 à 10	6	(4^m	2^f) :	1 à 2	—
Au-dessous de 5 ans.	7	(6^m	1^f) :	0.24	—
Total.	144	(113^m	31^f)		

Le maximum de fréquence est entre trente et cinquante ans, dix et vingt, et le minimum se trouve au-dessous de cinq ans.

Pour la première de ces périodes, la raison nous paraît être dans la nature des travaux qui occupent l'âge mûr. Pour la deuxième période, nous croyons que l'imprudence et la témérité, qui caractérisent la jeunesse, ont causé la plupart des accidents.

Influence du sexe.

La part du sexe masculin est de 78 à 79 p. %. résultat qui s'explique bien par les professions des hommes.

Influence de la misère et de l'aisance.

Hospices	88 : 56 à 57 p. %.
Bureau de bienfaisance	16 : 10 à 11 —
Total pour la misère secourue ad-ministrativement	104 : 68 à 69 —
Misère privée.	21 : 13 à 14 —
Total pour la misère en général . .	125 : 80 à 81 —
Aisance	16 : 10 à 11 —

Sur 100 pauvres, 2 à 3 meurent par un de ces accidents.

Sur 100 riches, la proportion est de 1 à 2 p. %.

On voit que la misère a une part double dans ces accidents ; leur nature explique suffisamment le rôle de l'indigence. Les travaux périlleux ne sont pas l'apanage de l'aisance.

Influence du célibat

33 célibataires, dont 26 hommes, 7 femmes. En omettant 4 bulletins sans renseignement sur ce point, la proportion est de 21 à 22 p. %. En défalquant encore les individus non adultes, l'on obtient 29 à 30 p. %.

Influence des mois et des saisons.

Janvier	13
Février	11
Mars	9
Avril	14
Mai	16
Juin.	14
Juillet.	15
Août	13
Septembre	12
Octobre.	18
Novembre.	13
Décembre.	8
Total.	156

Ordre de fréquence : Octobre, mai, juillet, juin, avril (deux mois *ex œquo*), janvier, novembre, août (trois mois *ex œquo*), septembre, février, mars, décembre.

Hiver. . . . .   32 : 20 à 21 p. %.
Printemps . . . . . .   39 : 25 à 26   —
Été. . . . .   42 : 26 à 27   —
Automne. . . . . . .   43 : 27 à 28   —

Total. 156

La part de l'automne est considérable, en face de celle de l'hiver.

Influence des professions.

102 bulletins désignent une profession. En voici la distribution, avec la proportion pour 100 individus du même groupe :

Professions masculines purement matérielles	29 :	5 à 6 p. %.
Charretiers, etc.	12 :	12 à 13 —
Marins.	12 :	7 à 8 —
Professions en contact avec les métaux, etc.	6 :	3.29 —
Professions à bâtisses	6 :	4.86 —
Professions en contact avec le bois.	6 :	5 —
Boulangers, etc.	4 :	7 à 8 —
Ouvriers ruraux	4 :	3.07 —
Tonneliers	4 :	3.63 —
Propriétaires, rentiers.	3 :	1.87 —
Professions féminines à gages . . .	2 :	0.53 —
Quatorze autres professions	14	

Total. 102

La profession de charretier, cocher, bouvier, est la plus chargée de ces accidents mortels ; celles de marin et de boulanger viennent après.

Submersions involontaires.

76.

Degré de fréquence.

Par rapport à la mortalité générale, 0.65 p. %.

Par rapport aux autres espèces de mort accidentelle, 19 à 20 p. %.

Annuellement, à Bordeaux, sur 10,000 individus, il en meurt 1 à 2 par submersion.

Influence de l'âge.

70 bulletins le désignent.

Proportion pour 100.

Après 70 ans	1	(	0m	1f) :	0.05	p. % .
De 60 à 70 ans	2	(	1m	1f) :	0.14	—
De 50 à 60	3	(	3m	0f) :	0.26	—
De 40 à 50	8	(	8m	0f) :	0.94	—
De 30 à 40	4	(	4m	0f) :	0.42	—
De 20 à 30	21	(	19m	2f) :	2 à 3	—
De 10 à 20	23	(	18m	5f) :	2 à 3	—
De 5 à 10	3	(	1m	2f) :	0.42	—
Au-dessous de 5 ans	5	(	4m	1f) :	0.13	—
Total	70	(	58m	12f)		

Le maximum de fréquence est de dix à trente ans.
Le minimum est après soixante-dix ans.

Influence du sexe.

La part du sexe masculin est de 82 à 83 p. % .

Influence des mois et des saisons.

Janvier	1
Février	4
Mars	9
Avril	5
Mai	4
Juin	13
Juillet	15
Août	8
Septembre	4
Octobre	5
Novembre	3
Décembre	5
Total	76

Ordre de fréquence : Juillet, juin, mars, août, avril, octobre, décembre (trois mois *ex æquo*), février, mai, septembre (trois mois *ex æquo*), novembre, janvier.

Hiver.	10 :	13 à 14 p. %.
Printemps	18 :	23 à 24 —
Été.	36 :	47 à 48 —
Automne.	12 :	15 à 16 —
Total.	76	

C'est donc principalement en été que dominent les décès par submersion. La raison principale est le grand nombre de baigneurs. Le soin qu'a l'administration de faire désigner par des hommes compétents les endroits du fleuve les plus aptes à la natation, diminue considérablement le nombre des victimes. Il faut ajouter que la Société des Sauveteurs établit dans la saison divers postes pour porter de prompts secours aux baigneurs en danger.

Hernies étranglées (1).

64.

Nous plaçons cette catégorie de décès dans le groupe des morts accidentelles, parce que l'étranglement d'une hernie est le plus souvent le résultat d'un accident mécanique, comme une chute, une violence, un effort.

Degré de fréquence.

Par rapport à la mortalité générale, 0.54 p. %.

Par rapport aux autres espèces de mort accidentelle, 16 à 17 p. %.

Annuellement, sur 10,000 habitants, il en meurt 1 à 2 par hernie étranglée.

Influence de l'âge, avec proportion pour 100.

Après 70 ans	27	(15^m 12^f) :	1 à 2 p. %.
De 60 à 70 ans . . .	14	(6^m 8^f) :	1 à 2 —
De 50 à 60	10	(3^m 7^f) :	1 à 2 —
De 40 à 50	2	(0^m 2^f) :	0.23 —
De 30 à 40	5	(1^m 4^f) :	0.53 —
De 20 à 30	4	(2^m 2^f) :	0.38 —
De 10 à 20	0	(0^m 0^f)	
De 5 à 10	0	(0^m 0^f)	
Au-dessous de 2 ans.	2	(1^m 1^f)	
Total.	64	(28^m 36^f)	

(1) M. Marc d'Espine ne met pas les hernies étranglées parmi les accidents.

Le maximum de fréquence est après cinquante ans. Le minimum est entre cinq et vingt ans, qui n'offrent aucun cas.

Influence du sexe.

La part du sexe féminin est de 56 à 57 p. %. Il faut chercher la cause de cette prédominance dans une aptitude plus prononcée de la constitution féminine aux étranglements.

Influence de la misère et de l'aisance.

Hospices.	12 : 18 à 19	p. %.
Bureau de bienfaisance	3 : 4 à 5	—
Total pour l'indigence secourue par		
l'assistance publique.	15 : 23 à 24	—
Misère privée.	7 : 10 à 11	—
Total pour l'indigence.	22 : 34 à 35	—
Aisance	7 : 10 à 11	—

Sur 100 pauvres décédés, la part de la hernie étranglée est de 0.42.

Sur 100 individus riches décédés, cette proportion est de 0.68.. Ainsi. la classe aisée paraîtrait un peu plus exposée.

Influence du lieu de naissance.

Il est reconnu, par le recensement des motifs médicaux d'exemption militaire, que la hernie est plus répandue dans tel ou tel département que dans tel autre. Il n'est donc pas inutile d'apprécier le lieu d'origine :

Nés dans Bordeaux	23 : 34 à 35	p. %.
— le reste de la Gironde . .	18 : 26 à 27	—
— les autres départements.	20 : 31 à 32	—
— les pays étrangers	3 :	

Pour faire apprécier d'une manière sensible l'influence qu'exerce le lieu de naissance sur les hernies, nous allons prendre les deux extrêmes de la liste départementale, publiée par M. Boudin, sur la question de cette infirmité au point de vue militaire.

Sur 10,000 conscrits, la Meuse fournit annuellement 2 à 3 hernies, tandis que la proportion pour la Vendée est de 51 à 52. La part de la Gironde et de 23 à 24. Elle occupe la cinquante-septième place dans le tableau comparatif.

Influence des saisons sur la terminaison mortelle des hernies.

Hiver.	20 : 31 à 32 p. %.
Printemps	22 : 34 à 35 —
Été.	14 : 21 à 22 —
Automne.	8 : 12 à 13 —
Total.	64

C'est au printemps que paraissent dominer les hernies étranglées. L'automne paraît favorisé.

Influence des professions.

28 professions sont désignées.

Proportion pour 100 individus du même groupe.

Professions féminines à gages	4 : 1.06 p. %.
Professions masculines matérielles. .	3 : 0.55 —
Professions en contact avec les métaux, etc.	3 : 1.66 —
Cordonniers	3 : 1.87 —
Militaires, douaniers, etc.	5 : 4.34 —
Charretiers, etc.	2 : 2.10 —
Propriétaires, rentiers	2 : 1.25 —
Six autres professions	6
Total.	28

Les militaires, les douaniers sont donc plus exposés que d'autres aux hernies étranglées. Les charretiers viennent ensuite.

suicides.

30.

Nos bulletins signalent 30 suicides. Nous croyons que ce chiffre est probablement inférieur à la vérité; mais il n'est pas possible de saisir l'élément d'erreur. En effet, parmi les individus qui ont péri par la submersion, il doit y en avoir un certain nombre qui appartiennent à la catégorie des suicides. Souvent on trouve des cadavres noyés sur lesquels on manque complètement de renseignements, même pour établir leur identité.

Degré de fréquence.

Par rapport à la mortalité générale, la proportion est de 2 à 3 p. 1,000.

Par rapport aux autres espèces de mort violente, la proportion est de 7 à 8 p. %.

Annuellement, pour 10,000 habitants, il en meurt 0.62 par suicide.

Influence de l'âge.

29 bulletins donnent l'âge.

Après 70 ans	3	(	3^m	0^f) :	0.16 p. %.
De 60 à 70 ans	3	(	2^m	1^f) :	0.24 —
De 50 à 60	5	(	5^m	0^f) :	0.44 —
De 40 à 50	7	(	5^m	2^f) :	0.82 —
De 30 à 40	6	(	5^m	1^f) :	0.64 —
De 20 à 30	4	(	4^m	0^f) :	0.38 —
A 17 ans	1	(	0^m	1^f)	
Total	29	(	24^m	5^f)	

Le maximum de fréquence est entre quarante et cinquante ans. Le minimum est au-dessous de vingt ans.

Influence du sexe.

La part du sexe masculin est de 82 à 83 p. %.

Influence du célibat.

On comprend comment le mariage et le célibat sont des éléments d'influence sur le suicide. Une famille attache à la vie, et peut faire supporter avec résignation les causes qui poussent au suicide.

Le tiers des suicidés est célibataire. Mais, comme 6 bulletins se taisent sur ce renseignement, cette proportion va jusqu'à 41 à 42 p. %.

Influence des saisons.

Hiver.	8 : 26 à 27 p. º/₀.
Printemps	7 : 23 à 24 —
Été.	5 : 16 à 17 —
Automne.	10 : 33 à 34 —
Total.	30

C'est en automne que dominent les suicides. L'été en contient moitié moins.

Influence des professions.

22 bulletins désignent la profession.

Proportion pour 100 individus du même groupe.

Soldats, octroyens. . . . . 4 : 3.47 p. º/₀.
Professions masculines matérielles . 3 : 0.55 —
Officiers retraités. . . . . 2 : 3.33 —
Treize autres professions : boulan-
ger, vigneron, fille publique, né-
gociant. agent d'affaires, journalière, ex-instituteur, marchand
de vin, imprimeur, cordonnier,
serrurier, maçon, ex-marin. . . 13
Total. 22

On remarquera la fréquence relative chez les individus que leur profession a dû familiariser, pour ainsi dire, avec la mort : les capitaines retraités, les soldats, et les octroyens, qui, le plus souvent, sont d'anciens soldats.

Nota. Les moyens de destruction employés par les suicidés ont varié : 11 pendaisons, 6 asphyxies par le charbon, 6 blessures par arme à feu, 4 chutes d'un lieu élevé. 1 submersion. 1 blessure par rasoir.

La submersion étant le moyen le plus simple sous bien des rapports, nous avions raison de croire que des cas de suicide se trouvent probablement dans les cas de submersion. faute de renseignements.

Brûlures.

20.

20 bulletins signalent des brûlures comme ayant directement occasionné la mort.

Degré de fréquence.

Par rapport à la mortalité générale, la proportion n'est que de 0.17 p. %.

Par rapport aux autres espèces de mort accidentelle, la proportion est de 5 à 6 p. %.

Annuellement, sur 10,000 habitants, il en meurt 0.43 par brûlure.

Influence de l'âge.

Après 70 ans	4
De 60 à 70 ans	0
De 50 à 60	0
De 40 à 50	2
De 30 à 40	2
De 20 à 30	2
De 10 à 20	1
De 2 à 10	4
Au-dessous de 2 ans	5
Total	20

Ces nombres sont trop restreints pour saisir une influence. Néanmoins, les accidents mortels par brûlure paraissent dominer au-dessous de deux ans.

Nota. Les diverses substances qui ont produit ces accidents sont désignées comme il suit : 1 par eau bouillante, 1 par éther sulfurique, 1 par schiste, 2 par allumettes phosphoriques ; les autres cas par le feu proprement dit.

Nous ne pouvons continuer ces études sur les autres espèces de mort accidentelle, faute d'un nombre suffisant. Ainsi, nous renverrons simplement à l'énumération que nous en avons faite au commencement.

TROISIÈME PARTIE

DES DÉCÈS CONSIDÉRÉS DANS LEURS CAUSES MORBIDES.

———

DIATHÈSE TUBERCULEUSE.

1,667.

L'étude de cette cause léthifère est une des plus intéressantes que nous puissions faire au point de vue de l'hygiène publique.

On sait, en effet, que cette terrible affection morbide occupe une large place dans la mortalité de presque toutes les nations, surtout dans les grands centres de population. La Société de Médecine de Bordeaux, justement préoccupée de l'importance à la fois scientifique et pratique qu'il y avait à provoquer des recherches sur la tuberculose, en a fait, l'année dernière, une question de travaux académiques.

Nous pourrions lui présenter le travail présent, comme complément des mémoires qui lui ont été envoyés.

Degré de fréquence de la tuberculose.

En groupant les diverses formes que revêt la diathèse tuberculeuse, phthisie pulmonaire, péritonite, phthisie laryngée, nous avons réuni 1,667 bulletins. Nous omettons de citer ici la méningite tuberculeuse, à cause de l'impossibilité où nous serions, avec nos renseignements restreints, de la différencier d'avec la méningite franche.

Par rapport à la mortalité générale, la proportion de cette diathèse est de 14 à 15 p. %.

Annuellement, à Bordeaux, pour 10,000 individus, il en meurt 34 à 35 par une manifestation tuberculeuse.

Dans les considérations générales qui vont suivre, nous n'aurons en vue que la phthisie pulmonaire, laissant les deux autres formes tuberculeuses pour le moment où nous étudierons les maladies des voies aériennes et la péritonite.

Dans nos recherches, nous nous baserons donc sur 1,637 bulletins, au lieu de 1,667.

Influence de l'âge.

Proportion pour 100.

Après 70 ans. . . .	18 (	7m 11f) :	0.96 p. %.
De 60 à 70 ans. . .	37 (	18m 19f) :	3 à 4 —
De 50 à 60	158 (	90m 68f) :	14 à 15 —
De 40 à 50	191 (	91m 100f) :	22 à 23 —
De 30 à 40	332 (	150m 182f) :	35 à 36 —
De 20 à 30	503 (	226m 277f) :	47 à 48 —
De 10 à 20	266 (	111m 155f) :	36 à 37 —
De 5 à 10	54 (	18m 36f) :	17 à 18 —
Au-dessous de 5 ans	78 (	38m 40f) :	2 à 3 —
Total.	1,637 (	749m 888f)	

L'ordre de fréquence se trouve tel :

De 20 à 30 ans.
De 10 à 20 —
De 30 à 40 —
De 40 à 50 —
De 5 à 10 —
De 50 à 60 —
De 60 à 70 —
Au-dessous de 5 ans.
Après 70 ans.

Dans la période de vingt à trente ans, la phthisie pulmonaire réclame pour elle seule presque la moitié des décès.

Après soixante-dix ans, la proportion est inférieure à l'unité. Ces résultats sont d'une précision mathématique. et l'esprit doit en être excessivement satisfait.

Influence du sexe.

En masse, le sexe féminin paraît un peu plus frappé : sa part est de 54 à 55 p. %.

Influence de la misère et de l'aisance.

Hospices . . . . 322 : 19 à 20 p. %.
Bureau de bienfaisance . . . . . . 159 : 9 à 10 —
Total pour l'indigence secourue of-
    ficiellement . . . . 481 : 29 à 30 —
Misère privée. . . . . 204 : 12 à 13 —
Total pour la misère en général . . 685 : 41 à 42 —
Aisance . . . . 88 : 6 à 7 —

Sur 100 décès indigents, la part de la phthisie pulmonaire est
de 10 à 11.

Sur 100 décès riches, elle est de 8 à 9.

On doit être surpris du peu de différence dans la part qui revient à l'indigence et à l'aisance. Ce résultat prouve que le fléau
semble presque méconnaître l'heureuse influence des bonnes conditions hygiéniques que doit procurer la fortune.

Influence du célibat.

L'hérédité entre pour un élément incontestable dans l'étiologie
de la phthisie pulmonaire. Il serait donc à désirer, au point de
vue de l'hygiène publique, que les mariages fussent rares chez
les phthisiques, et même chez ceux qu'on soupçonne simplement
prédisposés à le devenir. On conçoit l'impossibilité presque ab-
solue d'atteindre cette mesure préventive. Néanmoins, les médecins, dans leurs relations professionnelles, pourraient, par des
conseils, contribuer pour une part, quoique bien faible, à dimi-
nuer le nombre des milliers de flots qui convergent vers ce tor-
rent désastreux. Plus il y aura de célibataires parmi les phthisiques, moins il naîtra de phthisiques ou d'individus condamnés
à le devenir.

Les 1,637 bulletins mentionnent 550 célibataires, dont 266 femmes et 184 hommes, ce qui donne une proportion de 33 à 34 p. % ;
et, si on défalque les 398 individus que leur âge au-dessous de
vingt ans rend inaptes au mariage, la proportion sera de 44 à
45 p. %. Ainsi, 55 à 56 p. % ont pu propager par le mariage
leur fatale diathèse.

Influence des mois et des saisons sur la terminaison de la phthisie pulmonaire.

Janvier	151	décès.
Février	107	—
Mars.	167	—
Avril.	138	—
Mai	147	—
Juin	114	—
Juillet	156	—
Août.	136	—
Septembre.	104	—
Octobre	143	—
Novembre	129	—
Décembre	145	—
Total.	1,637	

L'ordre des mois par fréquence est tel : Mars, juillet, janvier, mai, décembre, octobre, avril, août, novembre, juin, février, septembre.

Hiver.	403 :	24 à 25 p. %.
Printemps	452 :	27 à 28 —
Été.	406 :	24 à 25 —
Automne.	376 :	22 à 23 —
Total.	1,637	

Le printemps paraît plus chargé que l'hiver et l'été, et surtout que l'automne. Si cette loi était confirmée par le résultat d'un plus grand nombre d'années, il en sortirait une conclusion pratique : c'est qu'il faudrait éloigner nos phthisiques de notre climat pendant le printemps, pour les rappeler pendant l'automne.

Influence des professions.

844 bulletins désignent la profession pour les adultes.

Nous allons en donner l'énumération, avec la proportion pour 100 individus du même groupe :

Professions féminines . . . . 105 : 39 à 40 p. %.
Professions masculines purement
  matérielles. . . . . 112 : 20 à 21 —
Professions féminines à gages . . . 86 : 22 à 23 —
Professions en contact avec le bois. 72 : 6 à 7 —
Professions en contact avec les mé-
  taux, etc. . . . . 55 : 30 à 31 —
État religieux . . . . 34 : 56 à 57 —
Cordonniers . . . . 34 : 21 à 22 —
Militaires, octroyens, etc. . . . . . 30 : 26 —
Tailleurs, selliers . . . . 27 : 33 à 34 —
Commis . . . . 25 : 41 à 42 —
Tonneliers . . . . 21 : 19 à 20 —
Professions à bâtisses . . . . . . 20 : 16 —
Employés . . . . 19 : 20 à 21 —
Peintres, doreurs, etc. . . . . . . 18 : 40 —
Charretiers, etc. . . . . 18 : 18 à 19 —
Ouvriers ruraux . . . . 13 : 10 —
Professions infimes. . . . . 13 : 21 à 22 —
Petits marchands . . . . 13 : 17 à 18 —
Boulangers, cuisiniers . . . . . . 12 : 21 à 22 —
Bijoutiers, horlogers. . . . . . . 10 : 50 —
Imprimeurs . . . . 9 : 45 —
Relieurs, papetiers, cartonniers. . 9
Rentiers, propriétaires. . . . . . 7 : 4.37 —
Coiffeurs. 7
Négociants, banquiers. . . . . . 8 : 10 à 11 —
Professions libérales . . . . 6 : 10 à 11 —
Tapissiers 5
Charbonniers. 4
Professeurs, écrivains . . . . . . 4 : 10 à 11 —
Chapeliers 3
Aubergistes 3
Corroyeurs, voiliers, etc. . . . . . 10 : 28 à 29 —
Dix autres professions pour vingt-
  deux individus. 22

     Total. 844

La proportion obtenue dans les groupes de l'état religieux, des bijoutiers, horlogers, des imprimeurs, des commis, est trop élevée pour être acceptée sans réserves. La somme d'individus appartenant à ces groupes est probablement un peu trop faible, et cette élévation proportionnelle peut bien n'être qu'un cas fortuit. A part ces résultats, on peut présenter le tableau ci-joint comme une traduction approximative de la prédisposition tuberculeuse des diverses professions. On remarquera la proportion élevée des professions féminines, des tailleurs, des servantes, des professions qui mettent en contact avec les métaux, le feu, la vapeur. Le nombre trop restreint des tapissiers, des coiffeurs, des relieurs, des charbonniers, etc., nous a empêché de chercher des proportions.

Si un tableau pareil reposait sur des données beaucoup plus considérables, nous aurions plus de confiance pour parler de l'influence des professions sur la phthisie pulmonaire.

Influence du lieu de naissance.

La géographie médicale a découvert des nuances d'intensité pour la phthisie tuberculeuse, suivant tel ou tel pays.

Nous allons distribuer nos 1,637 phthisiques d'après leur lieu de naissance :

Lieux de naissance.	Proportion pour 100 individus du même lieu décédés.
Bordeaux.	617 : 9 à 10 p. %.
Gironde, non compris Bordeaux. .	240 : 17 à 18 —
— Bordeaux compris	857 : 11 à 12 —
Basses-Pyrénées	135 : 19 à 20 —
Dordogne.	61 : 15 à 16 —
Landes.	50 : 19 à 20 —
Hautes-Pyrénées.	40 : 32 —
Lot-et-Garonne	33 : 10 à 11 —
Charente-Inférieure	32 : 12 à 13 —
Haute-Garonne.	32 : 14 à 15 —
Cantal	29 : 15 à 16 —
Charente.	20 : 11 à 12 —
Gers	19 : 20 à 21 —
Lot.	18 : 23 à 24 —
Corrèze.	17 : 12 à 13 —
Ariége	14 : 26 à 27 —

Tarn-et-Garonne.	13 : 12 à 13 p. %.
Tarn	13 : 27 à 28 —
Seine	12 : 15 à 16 —
Finistère.	12 : 16 à 17 —
Isère.	8
Rhône	7
Loire-Inférieure	7
Maine-et-Loire.	6
Seine-Inférieure	6
Aude.	6
Morbihan	5
Deux-Sèvres	5
Haute-Loire	5
Creuse	5
Vendée.	5
Aveyron	5
Ille-et-Vilaine	5
Loir-et-Cher	5
Vaucluse.	4
Vienne.	4
Manche	4
Mayenne.	4
Pays étrangers.	50 : 15 à 16 p. %.

Parmi les pays étrangers, nous citerons l'Espagne, qui a donné 16 phthisiques, et l'Amérique, dont le contingent est 12.

La proportion des phthisiques pour Bordeaux paraît relativement inférieure aux autres lieux ; et, si l'on considère la Gironde avec Bordeaux, la proportion augmente peu.

La part trouvée pour les Hautes-Pyrénées est excessive, et on ne peut l'admettre sans une confirmation basée sur un nombre plus étendu.

Celle de l'Ariége, des Basses-Pyrénées, des Landes, sans être aussi élevée, atteint néanmoins un chiffre assez supérieur. Les deux Charentes, la Corrèze, le Tarn-et-Garonne, et surtout le Lot-et-Garonne, paraissent favorisés. Mais il ne faut pas négliger de remarquer que le contingent mortuaire étranger à Bordeaux est composé presque en entier d'adultes.

DIATHÈSE CANCÉREUSE.

324.

Nous comprenons sous cette dénomination un groupe de lésions organiques dont les formes peuvent varier, mais ne sont que les différentes manifestations d'une seule et même diathèse connue sous le nom de *diathèse cancéreuse*.

Nos 11,639 bulletins donnent 324 affections cancéreuses comme cause de décès. Est-ce un nombre réellement exact qui représente tous les cas de cancer ayant occasionné la mort dans la ville de Bordeaux pendant les trois années que nous avons embrassées?

Des motifs sérieux nous engagent à croire que ce nombre est exact pour la qualification. Car, premièrement, cette terrible affection est tellement caractéristique, que les personnes étrangères aux sciences médicales peuvent la reconnaître, du moins quand elle n'est pas dans un organe trop profondément placé, comme le pancréas, le rein, etc. D'ailleurs, quand un individu meurt par suite d'un cancer, fût-il profondément caché, l'influence fâcheuse qu'il exerce sur toute l'organisation est tellement spéciale, que la nature de la maladie ne peut échapper à un médecin.

Si les 324 bulletins sont justes pour la qualité, il n'est pas permis de dire qu'ils le soient pour la quantité, et l'on peut assurer que le nombre des cancéreux doit être plus élevé.

Une lacune qui nous paraît regrettable sous ce rapport, entre autres, c'est le silence médical que garde l'administration des hospices des Vieillards et des Incurables, sur la cause des décès de leurs pensionnaires. Il est tout à fait probable que le cancer doit figurer pour une bonne part dans cette classe de décédés.

Pour bien des motifs, le médecin qui soigne un cancéreux ne dit pas toujours la vérité aux familles sur la nature du mal; de plus, si la famille y est initiée, souvent elle éprouve de la répugnance à confesser la cause du décès. Le principe incontestable de l'hérédité cancéreuse en est la raison principale.

Ces réflexions nous sont suggérées par notre expérience personnelle, et nous pourrions citer surtout un fait où notre désir

de connaître la vérité nous attira une impolitesse à laquelle nous
répondîmes comme nous devions le faire.

DISTRIBUTION ANATOMIQUE DES CANCERS.

Cancer utérin. 114
— stomacal 54
— mammaire 40
Cancers abdominaux, ou bien tumeurs abdominales
    soupçonnées cancéreuses. 25
— dans le trajet du tube intestinal, depuis
    la bouche jusqu'à l'anus (l'estomac ex-
    cepté) 21
— de la face. 20
— des parties génitales 5
— des membres. 5
— dans diverses régions. 17
— sans détermination locale 23

                Total. 324

Nous allons commencer par quelques considérations générales
sur la diathèse cancéreuse, avant d'aborder chaque localisation
en particulier.

Degré de fréquence.

Par rapport à la mortalité générale, la proportion de la diathèse cancéreuse est de 2 à 3 p. %.

Cette proportion est assez faible, si on la compare à celle qu'a
trouvée M. Marc d'Espine pour la population de Genève : 5 à
6 p. %. Nous avons donné nos raisons pour soupçonner que le
nombre de 324 est inférieur à la vérité. Néanmoins il peut se
faire que, dans certains centres de population, la fréquence du
cancer soit moindre que dans d'autres. Sous ce rapport, la population bordelaise serait vraiment favorisée, vu la différence considérable de son contingent cancéreux.

Annuellement, il mourrait 6 à 7 individus, par cancer, sur
10,000 habitants.

Influence de l'âge.

Proportion pour 100.

Après 70 ans	51	(13^m 38^f) :	2 à 3	p. %.
De 60 à 70 ans . . .	70	(22^m 48^f) :	5 à 6	—
De 50 à 60	87	(18^m 69^f) :	7 à 8	—
De 40 à 50	49	(11^m 38^f) :	5 à 6	—
De 30 à 40	53	(7^m 46^f) :	5 à 6	—
De 20 à 30	10	(3^m 7^f) :	0.94	—
De 10 à 20	2	(1^m 1^f) :	0.27	—
De 5 à 10	2	(1^m 1^f) :	0.64	—
Total.	324	(76^m 248^f)		

Le maximum de fréquence est entre cinquante et soixante ans, et le minimum au-dessous de cinq ans, période qui ne donne aucun cas.

Influence du sexe.

La part du sexe féminin est de 76 à 77 p. %. Le nombre considérable des cancers attribués à l'utérus et aux seins explique cette supériorité. Outre cette raison principale, on peut dire que, d'après les divers statisticiens, la femme aurait une prédisposition particulière aux cancers.

Influence du célibat.

Le cancer pouvant être héréditaire, il n'est pas sans intérêt d'apprécier le nombre des célibataires qui sont cancéreux : 61, dont 51 femmes et 10 hommes, ce qui fait 18 à 19 p. % ; et, en retranchant 4 cas d'individus non adultes, on a 19 à 20 p. %. proportion encore forte au point de vue du traitement préventif du cancer dans les populations. La proportion du célibat est bien plus grande dans la diathèse tuberculeuse.

Influence de la misère et de l'aisance.

Hospices.	95 : 29 à 30 p. %.
Bureau de bienfaisance	26 : 8 à 9 —
Total des indigents secourus administrativement.	121 : 37 à 38 —
Misère privée.	19 : 5 à 6 —
Total pour l'indigence	140 : 43 à 44 —

Sur 100 indigents, 2 à 3 meurent par le cancer.

Aisance . . . . 49 : 15 à 16 p. %.

Sur 100 riches, 4 à 5 meurent par le cancer.

Cette supériorité est assez remarquable.

M. Marc d'Espine est arrivé au même résultat, c'est-à-dire que la part de la classe aisée, dans son tribut à la diathèse cancéreuse, est double de la part que paie la population tout entière dans le canton de Genève. Ainsi, la prédisposition de la classe aisée est manifeste, au point qu'elle paraît équilibrer la prédisposition de la classe pauvre pour les diathèses scrofuleuse et tuberculeuse.

Influence du lieu de naissance.

Nous avons tendance à croire que la fréquence du cancer varie suivant les localités, et c'est ce qui nous fait comprendre en partie la différence de chiffre que nous avons signalée plus haut.

Aussi croyons-nous utile de faire entrer dans ce travail le lieu de naissance comme élément d'étude.

Individus nés à Bordeaux . . . . 155 : 47 à 48 p. %.
   —   dans le reste du département. 68 : 20 à 21 —
   —   dans le reste de la France. . . 78 : 24 à 25 —
   —   dans les pays étrangers. . . . 19 : 5 à 6 —
Lieux non désignés 4

Influence des mois et des saisons sur la terminaison des cancers.

Janvier	18
Février	29
Mars	26
Avril	29
Mai	30
Juin	27
Juillet	29
Août	27
Septembre	33
Octobre	28
Novembre	24
Décembre	24
Total	324

L'ordre de fréquence est le suivant : Septembre, mai, février, avril, juillet (trois mois *ex æquo*), octobre, juin, août (deux mois *ex æquo*), mars, novembre, décembre, janvier.

Hiver. . . . . 71 : 21 à 22 p. %.
Printemps . . . . 85 : 26 à 27 —
Été. . . . . 83 : 25 à 26 —
Automne . . . . 85 : 26 à 27 —

Total. 324

Le printemps et l'automne ont sur les autres saisons une égale mais bien faible supériorité.

Influence des professions.

102 bulletins mentionnent ce renseignement.

Proportion pour 100 individus du même groupe.

Professions féminines à gages . . . 19 : 5 à 6 p. %.
Professions masculines matérielles. 10 : 1.83 —
Ouvriers ruraux . . . . 9 : 6 à 7 —
Professions féminines . . . . 8 : 3.04 —
Professions en contact avec le bois. 7 : 5 à 6 —
Négociants, financiers. . . . . . . 5 : 6 à 7 —
Tailleurs, selliers . . . . 5 : 6 à 7 —
Professions en contact avec les mé-
taux, etc. . . . . 5 : 2.19 —
Propriétaires, rentiers. . . . . . . 4 : 2.50 —
Petits marchands . . . . 4 : 5 à 6 —
Capitaines retraités . . . . ' . . . . 4 : 6 —
Marins. . . . . 4 : 1.93 —
Cordonniers . . . . 3 : 1.87 —
Professions à bâtisses . . . . 4 : 3.44 —
Professions infimes. . . . . 2 : 3.33 —
Sept autres professions. 7

Total. 102

Ainsi, les ouvriers ruraux, les négociants et financiers, les tailleurs et selliers, donnent la plus forte proportion cancéreuse.

DES DIVERSES ESPÈCES DE CANCER AU POINT DE VUE DE LEUR
LOCALISATION.

Cancer utérin.

114.

Du degré de fréquence.

Par rapport aux autres espèces de cancer, la proportion est de
35 à 36 p. %.

M. Marc d'Espine traite d'erreur grossière la proportion de
37 p. %, trouvée par M. Tanchou. Nous sommes amené à prendre
la défense de ce résultat, car il a été obtenu au moyen des mêmes
documents que les nôtres, au moyen de documents médico-admi-
nistratifs. La différence est en effet énorme, en face du résultat trouvé par M. Marc d'Espine, 15 p. %. Notre erreur serait
donc encore grossière. Néanmoins le jugement du statisticien
de Genève nous paraît trop sévère. La population féminine du
canton de Genève, composée de l'élément rural et de l'élément
citadin, peut bien ne pas être dans les mêmes conditions patho-
logiques que celle de Paris ou de Bordeaux, qui sont deux
grandes villes.

Par rapport à la mortalité générale, la part du cancer utérin
est de 0.98 p. %.

Annuellement, par 10,000 habitants, il en meurt 2 à 3 par
cancer utérin. Si on ne veut chercher cette proportion que pour
les décès féminins, elle est de 1 à 2 p. %. En supposant une part
égale aux deux sexes dans la population, sur 10,000 femmes, il
en meurt annuellement 4 à 5 par cancer utérin.

Influence de l'âge.

Proportion pour 100.

Après 70 ans.	10 :	0.53 p. %.
De 60 à 70 ans.	18 :	1 à 2 —
De 50 à 60.	32 :	2 à 3 —
De 40 à 50.	24 :	2 à 3 —
De 30 à 40.	26 :	2 à 3 —
De 20 à 30.	4 :	0.37 —
Total.	114	

En cherchant la proportion uniquement pour les femmes décédées à chaque série, on trouve les proportions suivantes :

1 à 2 p. %.
2 à 3 —
6 à 7 —
6 à 7 —
5 à 6 —
0.74 —

On voit que le maximum de fréquence est dans les deux périodes de cinquante à soixante, de quarante à cinquante ans.

Le minimum est au-dessous de vingt ans, période qui n'offre aucun cas.

Influence du célibat.

25 célibataires, ce qui fait 22 à 23 p. %.

Nous ne voyons pas que l'inaction de l'utérus au point de vue de ses fonctions génératrices, soit une circonstance favorable pour éviter le cancer.

Influence de la misère et de l'aisance.

Hospices. . . . . 30 : 26 à 27 p. %.
Bureau de bienfaisance . . . . . . 11 : 9 à 10 —
Total des indigents secourus administrativement. . . . . 41 : 35 à 36 —
Misère privée . . . . 8 : 7 à 8 —
Total pour la misère. . . . . . . 49 : 42 à 43 —
Aisance . . . . 15 : 13 à 14 —

Sur 100 décès pauvres, la part du cancer utérin est de 0.94.
Sur 100 décès riches, la part du cancer utérin est de 1 à 2.

Influence des mois et des saisons sur les terminaisons des cancers utérins.

Janvier 6
Février 9
Mars 12
Avril 9
Mai. 14

A reporter. 50

Report.	50
Juin. . . . . • . .	3
Juillet.	9
Août	11
Septembre	15
Octobre.	8
Novembre.	4
. Décembre.	14
Total.	114

L'ordre de fréquence est tel : Septembre, mai et décembre (deux mois *ex œquo*), mars, août, avril, février, juillet (trois mois *ex œquo*), octobre, janvier, novembre, juin.

Hiver.	29 : 25 à 26 p. %.
Printemps	35 : 30 à 31 —
Été.	23 : 20 à 21 —
Automne.	27 : 23 à 24 —
Total. 114	

Le printemps paraît plus fatal que les autres saisons, et surtout plus que l'été.

Influence du lieu de naissance.

Femmes nées à Bordeaux.	24 : 21 à 22 p. %.	
—	dans le reste de la Gironde. .	22 : 19 à 20 —
—	dans les autres départements.	63 : 56 à 57 —
—	dans les pays étrangers. . . .	5 : 4 à 5 —
	Total. 114	

Influence des professions.

17 bulletins la signalent.

Proportion pour 100 individus du même groupe.

Professions féminines.	6 : 2.29 p. %.
Professions féminines à gages.	8 : 2.13 —
État religieux, sage-femme, mendiante	3
Total. 17	

On ne peut guère saisir une influence, à cause du petit nombre.

Cancer stomacal.

54.

Degré de fréquence.

Par rapport aux autres espèces de cancer, la proportion est de 16 à 17 p. %.

Par rapport à la mortalité générale, la proportion est de 0.40 p. %.

Annuellement, sur 10,000 individus, il en meurt 1 à 2 par cancer stomacal.

Influence de l'âge.

Proportion pour 100.

Après 70 ans	15	(10m	5f) :	0.80 p. %.
De 60 à 70 ans . . .	16	(9m	7f) :	1 à 2 —
De 50 à 60	15	(6m	9f) :	1 à 2 —
De 40 à 50	3	(2m	1f) :	0.35 —
De 30 à 40	4	(1m	3f) :	0.44 —
De 20 à 30	1	(1m	0f) :	0.09 —
Total.	54	(29m	25f)	

Le maximum de fréquence est entre cinquante et soixante-dix ans.

Au-dessous de vingt ans, cette espèce de cancer n'apparaît pas.

Influence du sexe.

Elle est nulle.

Influence de la misère et de l'aisance.

Hospices	14 : 25 à 26 p. %.
Bureau de bienfaisance	2 : 3 à 4 —
Total des indigents secourus admi-	
nistrativement	16 : 29 à 30 —
Misère privée	3 : 5 à 6 —
Total pour la misère	19 : 35 à 36 —
Aisance	13 : 22 à 23 —

Sur 100 décès indigents, la part du cancer stomacal est de 0.36.
Sur 100 décès riches, elle est de 1 à 2.

On voit encore la supériorité de l'influence étiologique de l'aisance sur le cancer.

*Influence des saisons sur la terminaison des cancers de
l'estomac.*

Hiver. . . . . 7 : 12 à 13 p. %.
Printemps . . . . 12 : 22 à 23 —
Été. . . . . 18 : 33 à 34 —
Automne. . . . . 17 : 31 à 32 —
     Total. 54

L'été paraît dominer considérablement.
L'hiver paraît jouir d'une immunité très-sensible.

Influence des professions.

31 bulletins désignent la profession. Mais nous étudierons cette
influence dans le groupe cancéreux qui suit.

Cancers situés dans le trajet des voies digestives
(l'estomac est compris).

75.

Nous plaçons à la suite du cancer stomacal les 21 cancers que
nos bulletins localisent dans les diverses autres parties des voies
digestives. Ils sont distribués comme il suit : 8 dans l'intestin,
sans autre désignation; 8 au rectum, 2 à la langue, 1 dans la
bouche, 2 dans la gorge. En joignant ce nombre aux cancers de
l'estomac, on a assez exactement la part qui revient au tube
gastro-intestinal dans la distribution cancéreuse, et, au lieu de
faire nos recherches sur les 21 cas seulement, nous croyons plus
utile de les faire sur le total des 75 cas gastro-intestinaux.

Degré de fréquence.

Par rapport aux autres espèces de cancers, la proportion est de
23 à 24 p. %.
Par rapport à la mortalité générale, la proportion est de 0.64
p. %.
Annuellement, il meurt 1 à 2 individus sur 10,000, par suite
d'un cancer situé dans le trajet du canal digestif.

Influence de l'âge.

Proportion pour 100.

Après 70 ans	17	(12^m	5^f) :	0.99 p. % .
De 60 à 70 ans	23	(14^m	9^f) :	1 à 2 —
De 50 à 60	19	(8^m	11^f) :	1 à 2 —
De 40 à 50	5	(4^m	1^f) :	0.59 —
De 30 à 40	10	(3^m	7^f) :	1 à 2 —
De 20 à 30	1	(1^m	0^f) :	0.09 —
Total	75	(42^m	33^f)	

Le maximum de fréquence est entre cinquante et soixante-dix ans.

Au-dessous de vingt ans, cette affection disparaît.

Influence du sexe.

Le sexe masculin a une faible supériorité, 56 à 57 p. % .

Influence de la misère et de l'aisance.

Hospices	22 : 29 à 30 p. % .
Bureau de bienfaisance	3 : 4 à 5 —
Total des indigents secourus administrativement	25 : 33 à 34 —
Misère privée	3 : 4 —
Total de la misère	28 : 37 à 38 —
Aisance	17 : 22 à 23 —

Sur 100 décès indigents, le contingent de ces cancers est de 0.53.

Sur 100 décès riches, il est de 1 à 2.

Visiblement, le cancer paraît plus fréquent dans la classe aisée que dans la classe indigente.

Influence des mois et des saisons.

Janvier	4
Février	9
Mars	2
Avril	6
Mai	8
Juin	12
A reporter	41

Report.	**41**
Juillet.	6
Août	6
Septembre	6
Octobre.	11
Novembre.	5
Décembre.	0
Total.	75

Ordre de fréquence : Juin, octobre, février, mai, juillet, août, septembre, avril (quatre mois *ex æquo*), novembre, janvier, mars, décembre.

Hiver.	13 : 17 à 18 p. %.
Printemps	16 : 21 à 22 —
Été.	24 : 32 à 33 —
Automne.	22 : 29 à 30 —
Total.	75

L'été paraît être la saison la plus funeste pour ceux qui ont un cancer dans un point quelconque des voies digestives, et l'hiver, au contraire, paraît leur être favorable.

Influence des professions.

45 bulletins parlent de profession.

Proportion pour 100 individus du même groupe.

Professions masculines matérielles. .	5 : 0.91 p. %.
Professions en contact avec les métaux, etc.	4 : 2.19 —
Professions en contact avec le bois. .	4 : 3.33 —
Professions féminines à gages.	3 : 0.80 —
Marchands	3
Ouvriers ruraux.	3 : 2.30 —
Négociants	3 : 4 —
Tonneliers.	2 : 1.81 —
Rentiers, propriétaires	2 : 1.25 —
Professions à bâtisses.	2 : 1.60 —
Officiers.	2 : 3.33 —
Tailleurs	2 : 2.46 —
Dix autres professions.	10
Total.	45

Ainsi, les négociants et les marchands fournissent le contingent le plus élevé.

Degré de fréquence.

Par rapport aux autres espèces de cancer, la proportion est de 12 à 13 p. %.

Par rapport à la mortalité générale, 0.34 p. %.

Mais, si on ne cherche cette proportion que pour les femmes décédées, on trouve 0.71 p. %.

En supposant une égalité pour les deux sexes dans la population, il meurt annuellement 1 à 2 femmes pour 10,000 par le cancer mammaire.

Influence de l'âge.

Proportion pour 100 femmes décédées au même âge.

Après 70 ans	8 :	0.78 p. %.
De 60 à 70 ans	7 :	1 à 2 —
De 50 à 60	15 :	3 à 4 —
De 40 à 50	6 :	1 à 2 —
De 30 à 40	4 :	0.83 —
Total	40	

Le maximum de fréquence est entre cinquante et soixante ans.

Le minimum est au-dessous de trente ans, puisqu'il n'y aucun cas de cancer mammaire.

Influence de la misère et de l'aisance.

Hospices	5 :	12 à 13 p. %.
Bureau de bienfaisance	3 :	7 à 8 —
Total pour la misère secourue administrativement	8 :	20 —
Misère privée	1	
Total pour la misère	9 :	25 à 26 —
Aisance	11 :	27 à 28 —

Sur 100 décès indigents, la part de ce cancer est de 0.17 p. %.

Pour 100 décès riches, cette part est de 1 à 2.

La supériorité pour la classe riche est frappante.

Influence du célibat.

8 célibataires : 20 p. %. Cette proportion est assez voisine de celle trouvée pour le cancer utérin.

Influence des saisons sur la terminaison.

Hiver. . . . . 12 : 30 p. %.
Printemps . . . . 10 : 25 —
Été. . . . . 10 : 25 —
Automne. . . . . 8 : 20 —
Total. 40

Tumeurs abdominales soupçonnées cancéreuses.

25.

Nous croyons pouvoir mettre sur le compte de la diathèse cancéreuse un grand nombre de tumeurs abdominales que les bulletins ne localisent pas. Où siégent ces tumeurs? il nous serait impossible de le préciser. Seulement, comme nos bulletins ne signalent pas de cancers pour les viscères abdominaux, foie, rate, mésentère, reins, ovaires, il est probable que la part de ces viscères s'est introduite dans la collection des bulletins sous la rubrique de *tumeurs abdominales.* Ainsi, nous donnerons à ce groupe une extension qui nécessite cette explication, et l'on ne pourra pas trop accuser notre statistique d'avoir totalement négligé ces viscères abdominaux, au point de vue des cancers.

Degré de fréquence.

Par rapport aux autres cancers, 7 à 8 p. %.
Par rapport à la mortalité générale, 0.21 p. %.

Influence de l'âge.

Proportion pour 100.

Après 70 ans . . . . . 7 (1^m 6^f) : 0.37 p. %.
De 60 à 70 ans . . . . 4 (0^m 4^f) : 0.32 —
De 50 à 60 . . . . . . 7 (2^m 5^f) : 0.62 —
De 40 à 50 . . . . . . 3 (0^m 3^f) : 0.35 —
De 30 à 40 . . . . . . 3 (0^m 3^f) : 0.32 —
De 20 à 30 . . . . . . 1 (1^m 0^f) : 0.09 —
Total. . . . . 25 (4^m 21^f)

Le maximum est entre cinquante et soixante ans.

Influence du sexe.

Le sexe féminin domine beaucoup dans cette variété de cancers : 84 p. %; ce qui nous porte à croire que quelques lésions de viscères féminins (ovaire, ligaments larges) figurent sous cette dénomination de *tumeurs abdominales.*

Influence de la misère et de l'aisance.

Hospices. . . . . 5 : 20 p. %.
Bureau . . . . 2 : 8 —
Total pour l'indigence secourue admi-
nistrativement . . . . 7 : 28 —
Misère privée . . . . 4 : 16 —
Total pour la misère . . . . 11 : 44 —
Aisance. . . . . 4 : 16 —

Pour 100 décès indigents, la part des tumeurs abdominales est de 0.21.

Pour 100 décès riches, elle est de 0.39.

Influence des saisons sur la terminaison des tumeurs abdominales.

Hiver. . . . . 5 : 20 p. %.
Printemps . . . . 11 : 44 —
Été. . . . . 5 : 20 —
Automne. . . . . 4 : 16 —
          Total. 25

Le printemps l'emporte beaucoup sur les autres saisons, et surtout sur l'automne.

Cancers de la face.

20.

Degré de fréquence.

Par rapport aux autres espèces de cancers, 6 à 7 p. %.
Par rapport à la mortalité générale, 0.17 p. %.
Annuellement, sur 10,000 individus, le cancer facial contribue à la mortalité pour 0.43.

Influence de l'âge.

Après 70 ans	7	(0m	7f)	: 0.37 p. %.
De 60 à 70 ans	4	(3m	1f)	: 0.32	—
De 50 à 60	6	(4m	2f)	: 0.53	—
De 40 à 50	1	(1m	0f)	: 0.11	—
De 30 à 40	2	(2m	0f)	: 0.21	—
Total	20	(10m	10f)		

Le maximum de fréquence est entre cinquante et soixante ans. Au-dessous de trente ans, aucun cas ne paraît.

Influence du sexe.

Nulle.

Influence de la misère et de l'aisance.

Hospices	5 : 25 p. %.
Bureau de bienfaisance.	2 : 10	—
Total des indigents secourus adminis-		
trativement.	7 : 35	—
Misère privée.	2 : 10	—
Total de la misère.	9 : 45	—
Aisance.	1 : 5	—

Pour le décès de 100 pauvres, la part du cancer facial est de 0.17.

Pour le décès de 100 riches, la part est de 0.09.

Si nous avions pu agir sur un plus grand nombre de cancers de la face, il est probable qu'à l'encontre des autres espèces, nous aurions trouvé une infériorité relative plus prononcée dans la classe aisée.

Influence des saisons sur la terminaison.

Hiver.	3 : 15 p. %.
Printemps	0 : 0	—
Été.	8 : 40	—
Automne.	9 : 45	—
Total.	20	

L'automne domine beaucoup les autres saisons dans cette influence.

Le printemps ne fournit aucun cas.

Diverses localisations cancéreuses.

27.

Nous ne ferons que donner la classification anatomique de 27 cancers.

Le petit nombre qui a frappé les diverses régions ne peut permettre de les soumettre à quelques considérations générales, comme les autres catégories.

Région cervicale.	3 cas.
Membres.	5 —
Région axillaire	2 —
Région crânienne	2 —
Région oculaire	2 —
Région pelvienne.	2 —
Région génito-urinaire (vessie, reins, vulve, vagin, testicule)	6 —
Région aérienne (nez, larynx). . . .	4 —
Région dorsale.	1 —
Total	27

Cancers indéterminés.

23.

Comme ces 23 cas doivent se rapporter aux régions que nous avons parcourues, ils ne doivent pas rompre les proportions que nous avons obtenues sur les divers points de vue que nous étudions. Ce groupe peut, en outre, satisfaire ceux qui reprocheraient à notre statistique de n'avoir pas des éléments pour diverses localisations cancéreuses. En puisant à ces cas indéterminés, leur esprit pourra se contenter.

DIATHÈSE SCROFULEUSE.

237.

Il ne s'agit pas ici d'étudier tous les cas de scrofule qui ont pu exister parmi les individus décédés, mais seulement les cas où la manifestation scrofuleuse a été la cause directe du décès.

La diathèse scrofuleuse est très-commune, surtout parmi les indigents. Elle revêt plusieurs formes; mais c'est la forme ganglionnaire qui domine parmi les individus, chez lesquels la diathèse ne va pas jusqu'à la terminaison mortelle.

Pour ne citer que notre propre expérience, nous pouvons affirmer qu'il est bien peu d'enfants, parmi les indigents du Bureau de bienfaisance, chez lesquels, avec un examen très-peu minutieux, on ne découvre la manifestation ganglionnaire dans la région cervicale. Mais il est très-rare aussi de voir la scrofule causer directement la mort. Elle ne fait que vicier la constitution, et la prédisposer ainsi à bien des maladies.

La manifestation diathésique qui a fourni les cas mortels est assez variable.

Voici l'énumération prise dans 237 bulletins mortuaires :

Carreau. 88
Scrofule (sans autre désignation). 65
Tumeurs blanches 22
Abcès par congestion. 12
Caries vertébrales. 11
Caries osseuses diverses. 11
Rachitismes. 11
Abcès froids. 10
Engorgements ganglionnaires. 7

Total. 237

Ce groupe renferme un élément d'exactitude incontestable : c'est que tous ces cas appartiennent réellement à la diathèse scrofuleuse. Mais il peut se faire que plusieurs autres cas diathésiques n'y soient pas compris, surtout des cas de tumeur blanche.

Ainsi, il est probable que plusieurs des cas désignés ailleurs, sous la rubrique de *résorption purulente,* ne soient que des cas de tumeur blanche, qui ont nécessité une amputation, laquelle serait devenue mortelle. Cette réserve faite, nous allons commencer nos considérations sur la diathèse scrofuleuse, comme cause de décès.

Degré de fréquence.

Par rapport à la mortalité générale, la proportion est de 2 à 3 p. %.

Annuellement, sur 10,000 habitants, la part de la scrofule, comme cause de décès, est de 5 à 6.

Influence de l'âge.

Après 70 ans.	3	(1^m 2^f)	: 0.16 p. %.
De 60 à 70 ans. . . .	5	(2^m 3^f)	: 0.40 —
De 50 à 60.	7	(4^m 3^f)	: 0.62 —
De 40 à 50.	11	(6^m 5^f)	: 1 à 2 —
De 30 à 40.	17	(13^m 4^f)	: 1 à 2 —
De 20 à 30.	18	(11^m 7^f)	: 1 à 2 —
De 10 à 20.	24	(10^m 14^f)	: 3 à 4 —
De 5 à 10.	23	(9^m 14^f)	: 7 à 8 —
Au-dessous de 5 ans.	129	(65^m 64^f)	: 3 à 4 —
Total.	237	(121^m 116^f)	

Le maximum de fréquence est de cinq à dix ans.
Le minimum est après soixante-dix ans.

Influence du sexe.

A peu près nulle.

Influence de la misère et de l'aisance.

Hospices	56	: 23 à 24 p. %.
Bureau de bienfaisance.	46	: 19 à 20 —
Total pour l'indigence secourue administrativement.	102	: 43 à 44 —
Misère privée	60	: 25 à 26 —
Total de la misère.	162	: 68 à 69 —
Aisance	8	: 3 à 4 —

Sur 100 indigents qui meurent. il y en a 3 ou 4 qui succombent à la scrofule.

Sur 100 riches, la proportion n'est que de 0.78.

Ces résultats confirment le principe, d'ailleurs incontestable. que la scrofule est une plaie entretenue par la misère.

Le baromètre de ce fléau public marchera donc toujours d'accord avec le baromètre de la misère publique.

C'est en assainissant les habitations, les industries, et en facilitant l'alimentation publique, que les gouvernements peuvent amoindrir l'extension ou la permanence du fléau au milieu des populations.

Influence des mois et des saisons sur la terminaison.

Janvier. . . . . 24 cas.
Février. . . . . 20 —
Mars. . . . . 18 —
Avril. . . . . 19 —
Mai. . . . . 19 —
Juin . . . . 19 —
Juillet . . . . 14 —
Août. . . . . 16 —
Septembre. . . . . 27 —
Octobre . . . . 25 —
Novembre . . . . 19 —
Décembre . . . . 17 —
Total. 237

Ordre de fréquence : Septembre, octobre, janvier, février, avril, mai, juin, novembre (quatre mois *ex æquo*), mars, décembre, août, juillet.

Hiver. . . . . 61 : 26 à 27 p. %.
Printemps . . . . 56 : 23 à 24 —
Été. . . . . 49 : 20 à 21 —
Automne . . . . 71 : 29 à 30 —
Total. 237

L'automne domine ; l'été est moins fécond.

Influence des professions.

46 bulletins la désignent.

Proportion pour 100 individus du même groupe.

Professions masculines purement matérielles. . . . . 12 : 2.20 p. %.
Professions féminines à gages. . . . . 5 : 1.33 —
A reporter. 17

Report. 17

Professions à bâtisses. . . . . 3 : 2.40 —
Professions féminines. . . . . 3 : 1.40 —
Professions infimes. . . . . 3 : 5 —
Professions en contact avec les mé-
taux, etc. . . . . 2 : 1.09 —
Cordonniers. . . . . 2 : 1.25 —
Marins . . . . 2 : 1.21 —
Tonneliers. . . . . 2 : 1.81 —
Ouvriers ruraux. . . . . 2 : 1.53 —
Dix autres professions. 10
Total 46

Ce sont les professions infimes qui ont la proportion la plus forte. Comme la scrofule n'est mortelle, le plus souvent, que pour l'enfance, les professions n'ont guère d'influence sur la terminaison mortelle.

DIATHÈSE RHUMATISMALE ET GOUTTEUSE.

51.

Pour excuser ce groupe à élément double, nous pourrions recourir à la doctrine médicale qui admet l'identité de nature entre ces deux états morbides.

Nous n'osons donner à ce groupe de cause de décès une importance trop grande, parce que nous soupçonnons que nos bulletins ne donnent pas toute la vérité.

Néanmoins, nous ferons quelques considérations générales, comme sur les autres causes de décès.

Degré de fréquence.

Par rapport à la mortalité générale, la proportion est de 0.43 p. %.

Annuellement, sur 10.000 individus, il en meurt 1 à 2 par cette diathèse.

Influence de l'âge.

Après 70 ans	11	(6^m	5^f) :	0.58 p. %.
De 60 à 70 ans	11	(7^m	4^f) :	0.90 —
De 50 à 60	15	(12^m	3^f) :	1.34 —
De 40 à 50	5	(3^m	2^f) :	0.59 —
De 30 à 40	5	(4^m	1^f) :	0.53 —
De 20 à 30	2	(2^m	0^f) :	0.18 —
De 10 à 20	2	(1^m	1^f) :	0.27 —
De 5 à 10	0	(0^m	0^f) :	0.00 —
Au-dessous de 5 ans .	0	(0^m	0^f) :	0.00 —
Total.	51	(35^m	16^f)	

Le maximum de fréquence est entre cinquante et soixante ans.
Le minimum est au-dessous de cinq ans.

Influence du sexe.

Le sexe masculin y entre pour une part de 68 à 69 p. %.

Influence de la misère et de l'aisance.

Hospices.	6 :	11 à 12 p. %.
Bureau de bienfaisance	4 :	7 à 8 —
Total pour la misère secourue officiellement	10 :	19 à 20 —
Misère privée	2 :	3 à 4 —
Total pour la misère en général. .	12 :	23 à 24 —
Aisance	7 :	13 à 14 —

Sur 100 indigents décédés, la part de la diathèse est de 0.23.
Sur 100 riches, elle est de 0.68.

Quoique nous agissions sur un petit nombre, nous pouvons saisir l'influence de la richesse.

Influence des mois et des saisons.

Janvier.	4 cas.
Février.	4 —
Mars.	6 —
Avril.	7 —
Mai.	7 —
A reporter.	28

Report. 28

Juin . . . . 4 cas.

Juillet . . . . 4 —

Août. . . . . 4 —

Septembre. . . . . 2 —

Octobre . . . . 2 —

Novembre . . . . 4 —

Décembre . . . . 3 —

Total. 51

Hiver. . . . . 11 cas : 21 à 22 p. %.

Printemps . . . . . . 20 — : 39 à 40 —

Été. . . . . 12 — : 23 à 24 —

Automne. . . . . . . 8 — : 15 à 16 —

Total. 51

Le printemps précipite davantage la terminaison mortelle que les autres saisons pour les goutteux et les rhumatismants. L'automne est la saison la plus favorable pour eux.

Influence des professions.

31 bulletins la désignent.

Proportion pour 100 individus du même groupe.

Professions en contact avec le bois. . 3 : 2.50 p. %.

Professions en contact avec les métaux, etc. . . . . 3 : 1.62 —

Corroyeurs, matelassiers. . . . . . . 3 : 8 à 9 —

Tailleurs. . . . . 2 : 2.46 —

Peintres. . . . . 2 : 4.44 —

Rentiers. . . . . 2 : 1.25 —

Professions masculines matérielles. . 2 : 0.36 —

Marins . . . . 2 : 1.29 —

Douze autres professions 12

Total. 31

Les corroyeurs, matelassiers, paraissent donner une bien forte proportion; les peintres viennent ensuite.

DES ACCIDENTS MORBIDES QUI PEUVENT TUER IMMÉDIATEMENT, PAR LE CERVEAU, PAR LE CŒUR ET PAR LES POUMONS (1).

845.

Nous avons compris sous cette dénomination :

1o Tout afflux sanguin au cerveau (congestion ou apoplexie) immédiatement mortel, ou étant devenu mortel plus ou moins longtemps après l'attaque, par des lésions anatomiques, comme une encéphalite aiguë ou chronique, une pneumonie, ou par une paralysie qui affaiblit peu à peu l'organisme ;

2o Toute syncope essentielle ou symptomatique de lésions organiques qui n'avaient pas jusque-là compromis gravement la santé ;

3o Toute hémorrhagie pulmonaire qui a tué immédiatement, ou presque immédiatement, fût-elle symptomatique de tubercules pulmonaires ; toute hémorrhagie par rupture d'anévrisme cardiaque, pourvu que ces lésions n'aient pas atteint un degré de développement capable de tuer par lui-même ;

4o Toute apoplexie cérébrale, séreuse ou nerveuse, tuant sur le coup, ou presque sur le coup.

Pour tirer tout l'intérêt scientifique possible des 845 bulletins que nous interrogerons à ce point de vue. nous ferons quelques divisions un peu détaillées :

1o Morts par apoplexie cérébrale foudroyante. . . . . 100 : 11 à 12 p. %.

2o Morts subites par rupture du cœur ou d'anévrisme de gros vaisseaux . . . . 30 : 3 à 4 —

3o Morts subites par synaupe pure . . 3

4o Morts subites par apoplexie pulmonaire 2

5o Morts subites par apoplexie céreuse ou nerveuse 7

Total des morts subites. . . . 142 : 16 à 17 p. %.

(1) Nous faisons entrer néanmoins dans ce groupe une hémorrhagie nasale qui a été mortelle très-rapidement.

6º Accident sanguin du cerveau (congestion ou apoplexie) qui a été mortel dans la première journée. . . . . 69 : 8 à 9 p. %.

7º Accident sanguin du cerveau dont les conséquences n'ont tué que plus ou moins longtemps après la première journée . . . . 214 : 25 à 26   —

8º Hémorrhagie pulmonaire n'ayant tué que dans l'espace de quelques heures. 14 : 1 à 2   —

9º Hémorrhagie nasale rapidement mortelle. 1

10º Accident sanguin du cerveau dont l'action mortelle n'est pas précisée pour la durée . . . . 405 : 47 à 48   —

Degré de fréquence.

Par rapport à la mortalité générale, la proportion du groupe de décès que nous étudions est de 7 à 8 p. %.

Annuellement, sur 10,000 individus, il en fait mourir 17 à 18.

Si l'on veut s'occuper uniquement de la *mort subite,* la première proportion donne 1 à 2 p. % ; la dernière donne 3 pour 10,000.

Influence de l'âge.

840 bulletins donnent l'âge.

Proportion pour 100.

Après 70 ans	262 (117ᵐ 145ᶠ) : 14 à 15 p. %.
De 60 à 70	260 (132ᵐ 128ᶠ) : 21 à 22 —
De 50 à 60	142 (83ᵐ 59ᶠ) : 12 à 13 —
De 40 à 50	72 (37ᵐ 35ᶠ) : 8 à 9 —
De 30 à 40	52 (32ᵐ 20ᶠ) : 5 à 6 —
De 20 à 30	21 (12ᵐ 9ᶠ) : 1 à 2 —
De 10 à 20	13 (6ᵐ ?ᶠ) : 1 à 2 -
De 0 à 10	18 (9ᵐ 9ᶠ)
Total. . . .	840 (428ᵐ 412ᶠ)

Le maximum de fréquence est entre soixante et soixante-dix ans.

Le minimum est avant dix ans; encore l'exactitude du diagnostic pour cette période pourrait être, à la rigueur, contestée.

Influence du sexe.

Elle paraît presque nulle.

Si l'on veut ne s'occuper que des morts subites, voici l'influence de l'âge pour 131 cas où l'on donne ce renseignement :

Après 70 ans	23 : 1 à 2 p. %.	
De 60 à 70 ans	37 : 3 à 4	—
De 50 à 60	22 : 2 à 3	—
De 40 à 50	23 : 2 à 3	—
De 30 à 40	16 : 1 à 2	—
De 20 à 30	6 : 0.56	—
De 10 à 20	3 : 0.46	—
De 5 à 10	1	
Total	131	

Le maximum est encore entre soixante et soixante-dix ans. Le minimum est au-dessous de cinq ans.

Influence de la misère et de l'aisance.

Hospices	147 : 17 à 18 p. %.	
Bureau de bienfaisance	43 : 5 à 6	—
Total pour l'indigence secourue ad-		
ministrativement	190 : 22 à 23	—
Misère privée	68 : 8 à 9	—
Total pour l'indigence en général.	258 : 30 à 31	—
Aisance	157 : 18 à 19	—

Pour 100 décès pauvres, la part des accidents morbides est de 4 à 5.

Sur 100 décès riches, la part est de 15 à 16.

Ainsi, en général, l'aisance prédispose aux accidents morbides que nous étudions; sa proportion est plus que triple relativement à la misère.

Influence des mois et des saisons.

Nous ferons trois colonnes : l'une pour les 845 accidents morbides en général; l'autre pour 133 morts subites en particulier (9 bulletins ne désignent pas le mois); la troisième pour les décès qui, n'étant pas subits, sont arrivés dans les quarante-huit heures.

	1re colonne	2e colonne	3e colonne
Janvier.	91	17	17
Février.	91	18	7
Mars.	67	6	7
Avril.	57	12	5
Mai	59	11	4
Juin	60	12	5
Juillet	83	9	11
Août.	44	7	4
Septembre.	74	13	14
Octobre	56	7	4
Novembre	75	7	13
Décembre	88	14	11
Total. . . .	845	133	102

Ordre de fréquence mensuelle :

1º Janvier, février (deux mois *ex œquo*), décembre, juillet. novembre, septembre, mars, juin, mai, avril, octobre, août ;

2º Février, janvier, décembre, septembre, juin, avril (deux mois *ex œquo*), mai, juillet, octobre, novembre, août (trois mois *ex œquo*), mars ;

3º Janvier, septembre, novembre, juillet, décembre (deux mois *ex œquo*), février, mars (deux mois *ex œquo*), avril, juin (deux mois *ex œquo*), mai, août, octobre (trois mois *ex œquo*).

	Accidents morbides en général.	Accidents morbides avec mort subite par le cœur ou le cerveau.	Accidents morbides mortels dans les 48 heures.
Hiver . . .	270 : 31 à 32	49 : 36 à 37	35 : 34 à 35
Printemps.	183 : 21 à 22	29 : 21 à 22	16 : 15 à 16
Été	187 : 22 à 23	28 : 21 à 22	20 : 19 à 20
Automne. .	205 : 25 à 25	27 : 20 à 21	31 : 30 à 31
	845	133	102

Ainsi, pour les accidents morbides en général, c'est l'hiver qui est le plus redoutable; puis vient l'automne.

Le printemps est au minimum.

Pour les morts subites par le cerveau ou par le cœur, l'hiver domine encore les autres saisons, et l'automne, au contraire, est peu chargé.

Pour les accidents morbides mortels dans les quarante-huit heures, c'est encore l'hiver et l'automne qui l'emportent, et le printemps se fait remarquer par sa faible proportion.

Influence des professions.

347 bulletins désignent la profession ou la qualification ; en voici la distribution, avec la proportion pour 100 individus du même groupe :

Propriétaires, rentiers.	45 :	28 à 29 p. %.
Professions masculines matérielles	46 :	8 à 9 —
Professions féminines à gages. . .	26 :	6 à 7 —
Cordonniers.	24 :	15
Marins.	23 :	14 à 15 —
Employés	22 :	26 à 27 —
Professions en contact avec le bois .	21 :	17 à 18 —
Professions féminines	21 :	7 à 8 —
Négociants, banquiers.	18 :	24
Professions à bâtisses	23 :	17 à 18 —
Tonneliers.	15 :	13 à 14 —
Petits marchands	14 :	18 à 19 —
Professions en contact avec les métaux, etc.	13 :	7 à 8 —
Charretiers	12 :	12 à 13 —
Carrières libérales.	12 :	20
Ouvriers ruraux.	10 :	8 à 9 —
Boulangers, pâtissiers.	10 :	18 à 19 —
Tailleurs, selliers	10 :	12 à 13 —
Peintres, doreurs, etc.	9 :	20
Militaires gradés, capitaines de navires.	9 :	15
Bouchers, charcutiers.	7	
Commis	7 :	11 à 12 —
Tisserands, tanneurs, etc.	7 :	20
Militaires, octroyens, etc.	8 :	6 à 7 —
Professeurs, écrivains.	6 :	16 à 17 —
Horlogers, bijoutiers	3 :	15
Chapeliers.	3	
État religieux	3 :	5
Imprimeurs	2	
Professions infimes	2 :	3.33
Douze autres professions	12	
Total.	443	

Pour les bouchers, les chapeliers, les imprimeurs, leur nombre restreint dans la statistique professionnelle ne permet pas d'extraire une proportion.

Les propriétaires et rentiers donnent la proportion la plus forte; après eux viennent les employés, les carrières libérales. les groupes des peintres et doreurs, des tisserands, des petits marchands, des boulangers, etc.

Nous trouvons ici une confirmation du résultat obtenu pour l'influence de l'aisance. La proportion des rentiers et des propriétaires est considérable. En y ajoutant les négociants et les professions libérales, on aurait un total de 72, c'est-à-dire 20 à 21 p. %.

Sur le nombre de 845 accidents morbides, il y en a seulement 788 qui sont dus à un accident sanguin du cerveau (congestion ou apoplexie), et 483 bulletins seulement donnent l'intervalle qui a séparé l'attaque de la mort. En voici le tableau, avec la proportion pour 100 :

Nombre des individus qui sont morts subitement	100 : 26 à 27 p. %.
Nombre de ceux qui meurent dans la 1re journée.	84 : 21 à 22 —
—	2e	37 : 9 à 10 —
—	3e	30 : 7 à 8 —
—	4e	25 : 6 à 7 —
—	5e	18 : 4 à 5 —
—	6e	6 : 1 à 2 —
—	7e	8 : 2 à 3 —
—	8e	41 : 10 à 11 —
—	9e	3
—	10e	4 : 1 à 2 —
—	11e	4 : 1 à 2 —
—	12e	3
—	13e	3
—	14e	1
—	15e	20 : 5 à 6 —
—	16e	3
—	17e	1
—	18e	0
—	19e	1

A reporter. 392

Report.				392	
Nombre de ceux qui meurent dans la 20ᵉ journée.				1	
—		21ᵉ		10	: 2 à 3 p. %.
—	au bout de	1 mois . .		10	: 2 à 3 —
—	de	1 mois 1/2.		5	: 2 à 3 —
—	de	2 mois . .		3	
—	de	3		2	
—	de	4		3	
—	de	6		4	: 1 à 2 —
—	de	8		2	
—	de	1 an . . .		6	: 1 à 2 —
—	de 14 mois . .			1	
—	de 16			2	
—	de 18			1	
—	de 21			2	
—	de	2 ans. . .		9	: 2 à 3 —
—	de	3		5	: 1 à 2 —
—	de	4		4	: 1 à 2 —
—	de	5		8	: 2 à 3 —
—	de	6		1	
—	de	7		2	
—	de	8		3	
—	de 10			3	
—	de 11			1	
—	de 12			1	
—	de 14			1	
—	de 20			1	
	Total.			483	

Si nos recherches reposaient sur des nombres plus considérables, on pourrait construire un tableau, analogue à celui qui précède, pour répondre à des problèmes qui ne sont pas sans importance, comme, par exemple, le suivant : Étant donné un individu qui, après un coup de sang, a résisté plus d'un jour, quelles sont les chances qu'il a de pouvoir vivre jusqu'à telle ou telle époque ? La possibilité d'une réponse à cette demande ne serait pas sans résultat pratique.

Les familles y trouveraient approximativement la durée de la période pendant laquelle elles pourraient avoir l'espoir de con-

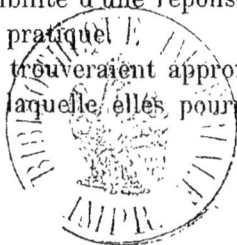

7

server un de leurs membres. Les capitalistes, les caisses d'administration, les caisses de secours mutuels, trouveraient dans ces statistiques des éléments de calculs pour des rentes, des pensions à payer à des ayants-droit qui ont déjà passé par un accident sanguin du cerveau.

C'est ainsi que la science peut servir de base à l'économie sociale.

On a dû remarquer dans le tableau précédent que les victimes diminuent de plus en plus à mesure que l'on s'éloigne du jour de l'invasion ; mais que, par une coïncidence assez inexplicable, le 8e jour, le 15e, le 21e se font remarquer par une supériorité notable sur les jours qui précèdent ou qui suivent, en sorte qu'on devrait redouter ces jours-là pour quiconque vient d'avoir un accident cérébral.

ACCIDENTS CÉRÉBRAUX NON SANGUINS.

784.

Nous réunissons ici les accidents cérébraux étrangers à la congestion ou à l'hémorrhagie, produits soit par une métastase rhumatismale ou goutteuse, soit par sympathie à l'occasion d'une cause organique siégeant ailleurs, comme les vers, la dentition, soit par une sécrétion anormale du liquide céphalique, soit par des tubercules, soit surtout par une inflammation du cerveau lui-même ou des membranes qui l'enveloppent, soit par un ramollissement, soit par une tumeur.

La difficulté insurmontable qu'on trouve dans les circonstances où se recueillent les bulletins mortuaires, pour arriver à un diagnostic précis, nous force de faire une seule catégorie des décès dus à l'une ou à l'autre des causes ci-dessus désignées.

Nous avons encore, pour excuser cette confusion involontaire, les paroles de Valleix au commencement du chapitre où il étudie la méningite simple :

« C'est surtout quand on arrive à l'histoire de la méningite, qu'on peut facilement se convaincre de la grande difficulté que présente l'étude des affections cérébrales. »

C'est principalement sous le nom d'épanchement, de ménin-

gite, de *fièvre cérébrale,* que les affections ci-incluses sont désignées.

Néanmoins, nous n'oserons pas hasarder ces dénominations, parce qu'il est très-possible qu'elles n'aient pas été appliquées avec la rigueur scientifique. La seule chose incontestable, c'est qu'il y a eu un accident cérébral soit essentiel, soit symptomatique, soit sympathique, le plus souvent primitif, parce que nous avons élagué les cas où il y a eu congestion, hémorrhagie, rougeole, coqueluche, fièvre typhoïde.

Il est certaines de ces affections cérébrales que nous pouvons mettre en avant avec la conviction qu'elles ont une désignation exacte, sans oser pourtant assurer qu'elles n'ont pas été plus nombreuses.

Ainsi, sur les 784 cas, il y a 36 ramollissements cérébraux, 15 paralysies générales progressives, 6 tumeurs crâniennes.

Nous ferons quelques études spéciales sur ces petits groupes, après les études générales.

Degré de fréquence.

Par rapport à la mortalité générale, la proportion des accidents cérébraux non sanguins est de 6 à 7 p. $^o/_o$.

Annuellement, à Bordeaux, sur 10,000 habitants, ces causes en tuent 16 à 17.

Influence de l'âge.

A cause de la prédisposition spéciale de la première enfance pour les accidents cérébraux, nous donnons une distribution détaillée, avec la proportion pour 100 :

Dans le 1er mois. .	23	(17m	6f)	: 2 à 3	p. $^o/_o$.
De 1 à 2 mois. .	14	(7m	7f)	: 9 à 10	—
De 2 à 3.	9	(7m	2f)	: 7 à 8	—
De 3 à 4.	15	(11m	4f)	: 13 à 14	—
De 4 à 5.	8	(6m	2f)	: 8 à 9	—
De 5 à 6.	23	(11m	12f)	: 24 à 25	—
De 6 à 7.	29	(17m	12f)	: 30 à 31	—
De 7 à 8.	17	(9m	8f)	: 21 à 22	—
De 8 à 9.	21	(7m	14f)	: 25 à 26	—
A reporter. . .	159	(92m	67f)		

Report.	159	(92^m	67^f)		
De 9 à 10 mois. .	28	(18^m	10^f) :	26 à 27 p. %.	
De 10 à 11.	24	(15^m	9^f) :	27 à 28	—
De 11 mois à 1 an.	28	(17^m	11^f) :	29 à 30	—
De 1 à 2 ans. . .	170	(99^m	71^f) :	17 à 18	—
De 2 à 5.	123	(59^m	64^f) :	20 à 21	—
De 5 à 10.	58	(19^m	39^f) :	18 à 19	—
De 10 à 20.	42	(28^m	14^f) :	5 à 6	—
De 20 à 30.	21	(11^m	10^f) :	1 à 2	—
De 30 à 40.	26	(10^m	16^f) :	2 à 3	—
De 40 à 50.	37	(22^m	15^f) :	4 à 5	—
De 50 à 60.	22	(13^m	9^f) :	1 à 2	—
De 60 à 70.	23	(12^m	11^f) :	1 à 2	—
Après 70 ans. . . .	20	(8^m	12^f) :	1 à 2	—
Total.	782	(422^m	360^f)		

Le maximum de fréquence pour ces accidents cérébraux, où la méningite occupe certainement la place la plus importante, se trouve dans l'ordre suivant :

De 6 à 7 mois.
De 11 mois à 1 an.
De 10 à 11 mois.
De 9 à 10 mois.
De 8 à 9 mois.
De 5 à 6 mois.
De 7 à 8 mois.
De 2 à 5 ans.
De 5 à 10 ans.
De 3 à 4 mois.

De 1 à 2 mois.
De 4 à 5 mois.
De 2 à 3 mois.
De 10 à 20 ans.
De 40 à 50 ans.
De 30 à 40 ans
De 0 à 1 mois.
De 50 à 60 ans.
De 60 à 70 ans.
Et au-delà de 70 ans.

Ce sont le ramollissement cérébral et la paralysie générale progressive qui font en grande partie le contingent de l'âge adulte.

Influence de la misère et de l'aisance.

Hospices.	95 :	20 p. %.
Bureau de bienfaisance	70 :	12 à 13 —
Total pour la misère secourue administrativement	165 :	21 à 22 —
Misère privée	150 :	19 à 20 —
Total pour la misère.	315 :	40 à 41 —
Aisance	65 :	8 à 9 —

Sur 100 décès indigents, la.part des accidents cérébraux non sanguins est de 6 à 7.

Sur 100 décès riches, elle est encore de 6 à 7.

Influence du célibat.

La part est de 32 à 33 p. %.

Influence des mois et des saisons.

Janvier	72
Février	67
Mars	51
Avril	55
Mai	71
Juin.	60
Juillet.	89
Août	79
Septembre	72
Octobre.	62
Novembre.	46
Décembre	60
Total.	784

Ordre de fréquence : Juillet, août, janvier, septembre (deux mois *ex œquo*), mai, février, octobre, juin, décembre (deux mois *ex œquo*), avril, mars, novembre.

Hiver.	199 : 25 à 26 p. %.
Printemps	177 : 22 à 23 —
Été.	228 : 29 à 30 —
Automne.	180 : 22 à 23 —
Total.	784

L'été l'emporte en influence, surtout sur l'automne et le printemps.

Influence des professions.

Le nombre des adultes est de 149. La profession est désignée pour 106.

Professions féminines à gages . . .	17 :	4.53 p. %.
Professions masculines matérielles.	16 :	2.93 —
A reporter.	33	

Report. 33

Professions en contact avec le bois.	9 :	7 à 8 p. %.
Professions féminines	7 :	2.65 —
Propriétaires, rentiers.	6 :	3.75 —
Filles publiques	6	
Marins.	6 :	3.87 —
Tailleurs.	4 :	4.93 —
Petits marchands	3 :	4.
Cordonniers	2 :	1.25 —
Tonneliers	2 :	1.81 —
État religieux	2 :	3.33 —
Carrières libérales.	2 :	3.63 —
Professions à bâtisses	2 :	1.60 —
Militaires.	2 :	3.73 —
Commis.	2 :	3.33 —
Peintres.	2 :	4.44 —
Boulangers.	2 :	3.63 —
Professions en contact avec les métaux, etc.	2 :	1.09 —
Douze autres professions.	12	
Total.	106	

Les professions en contact avec le bois ont la plus forte proportion. Viennent ensuite les professions féminines à gages, les tailleurs, les boulangers, les peintres.

Ramollissement cérébral.

36.

Influence de l'âge.

Après 70 ans	9
De 60 à 70 ans	8
De 50 à 60.	6
De 40 à 50.	8
De 30 à 40.	3
De 20 à 30.	2
Total.	36

Paralysie générale progressive.

16.

Influence de l'âge.

Après 70 ans. 1
De 60 à 70 ans 2
De 50 à 60. 3
De 40 à 50. 3
De 30 à 40. 6
De 20 à 30. 1
Total. 16

Ces deux catégories de maladies cérébrales ne se trouvent que chez les 149 adultes, ce qui fait, relativement aux accidents non sanguins du cerveau, 27 à 28 p. %/o pour le ramollissement cérébral, 10 à 11 p. %/o pour la paralysie générale, 34 à 35 p. %/o pour l'ensemble des accidents cérébraux non sanguins.

DES ACCIDENTS PLEUROPNEUMONIQUES.

682.

Nous groupons, sous cette dénomination, les cas d'inflammation des poumons ou des plèvres, soit isolée, soit simultanée. La crainte que les bulletins de décès n'aient accepté des pneumonies pour des pleurésies, et des pleurésies pour des pneumonies, nous a fait faire un seul groupe de ces deux accidents inflammatoires de la poitrine. Il serait possible que plusieurs cas de pneumonie chez les enfants ne fussent que des bronchites.

Degré de fréquence.

Par rapport à la mortalité générale, la proportion est de 5 à 6 p. %/o.

Annuellement, sur 10,000 habitants, ces inflammations en font mourir 14 à 15.

Influence de l'âge.

Proportion pour 100.

Après 70 ans	106	(45^m	61^f) : 5 à 6 p. %.
De 60 à 70 ans	89	(47^m	42^f) : 2 à 3 —
De 50 à 60	102	(57^m	45^f) : 9 à 10 —
De 40 à 50	78	(49^m	29^f) : 9 à 10 —
De 30 à 40	58	(28^m	30^f) : 6 à 7 —
De 20 à 30	53	(36^m	17^f) : 5 à 6 —
De 10 à 20	24	(13^m	11^f) : 3 à 4 —
De 5 à 10	20	(9^m	11^f) : 6 à 7 —
Au-dessous de 5 ans .	152	(87^m	65^f) : 4 à 5 —
Total	682	(371^m	311^f)

Le maximum de fréquence est de quarante à soixante ans.
Le minimum, de soixante à soixante-dix.

Influence du sexe.

Le sexe masculin domine un peu : 54 à 55 p. %.

Influence de la misère et de l'aisance.

Hospices.	193 : 30 à 31 p. %.
Bureau de bienfaisance	45 : 6 à 7 —
Total pour l'indigence secourue administrativement.	238 : 36 à 37 —
Misère privée.	68 : 10 à 11 —
Total pour la misère.	306 : 46 à 47 —
Aisance.	68 : 10 à 11 —

Pour 100 décès indigents, la part des accidents pleuropneumoniques est de 5 à 6.
Sur 100 décès riches, cette part est de 6 à 7.

Influence des mois et des saisons.

Janvier	87
Février.	82
Mars	90
Avril	73
A reporter.	332

Report. 332

Mai. 56

Juin. 32

Juillet. 55

Août 35

Septembre 28

Octobre. 45

Novembre. 43

Décembre. 56

Total. 682

Ordre de fréquence : Mars, janvier, février, avril, mai, décembre (deux mois *ex æquo*), juillet, octobre, novembre, août, juin, septembre.

Hiver. . . . . 225 : 32 à 33 p. %.

Printemps . . . . 219 : 32 à 33 —

Été. . . . . 122 : 17 à 18 —

Automne. . . . . 116 : 17

Total. 682

L'influence des saisons est visible : l'hiver et le printemps sont également frappés; l'automne paraît privilégié.

Influence des professions.

302 bulletins désignent la profession.

Proportion pour 100 individus du même groupe.

Professions masculines matérielles. 68 : 12 à 13 p. %.

Professions féminines à gages . . . 27 : 7 à 8 —

Professions féminines. . . . . 21 : 7 à 8 —

Militaires, douaniers, etc . . . . . 16 : 14 à 15 —

Propriétaires, rentiers. . . . . . . 15 : 9 à 10 —

Professions en contact avec les métaux, etc . . . . 12 : 6 à 7 —

Tailleurs. . . . . 12 : 11 à 12 —

Ouvriers ruraux . . . . 11 : 8 à 9 —

Cordonniers . . . . 10 : 6 à 7 —

Employés. . . . . 10 : 12 à 13 —

A reporter. 202

<table>
<tr><td></td><td>Report</td><td>202</td></tr>
<tr><td>Professions en contact avec le bois.</td><td>9 :</td><td>7 à 8 p. %.</td></tr>
<tr><td>Marins</td><td>8 :</td><td>5 à 6 —</td></tr>
<tr><td>Commis</td><td>8 :</td><td>13 à 14 —</td></tr>
<tr><td>Négociants, financiers</td><td>8 :</td><td>10 à 11 —</td></tr>
<tr><td>Marchands</td><td>8 :</td><td>26 à 27 —</td></tr>
<tr><td>Boulangers, pâtissiers</td><td>6 :</td><td>10 à 11 —</td></tr>
<tr><td>Charretiers</td><td>6 :</td><td>6 à 7 —</td></tr>
<tr><td>Professions à bâtisses</td><td>6 :</td><td>4.80 —</td></tr>
<tr><td>Peintres, vitriers, etc</td><td>5 :</td><td>11 à 12 —</td></tr>
<tr><td>Professions infimes</td><td>8 :</td><td>13 à 14 —</td></tr>
<tr><td>Tonneliers</td><td>4 :</td><td>3.63 —</td></tr>
<tr><td>Accoucheuses</td><td>2</td><td></td></tr>
<tr><td>Bouchers</td><td>4</td><td></td></tr>
<tr><td>Voiliers, cordiers, etc</td><td>2 :</td><td>5 à 6 —</td></tr>
<tr><td>Professeurs, instituteurs</td><td>2 :</td><td>5 à 6 —</td></tr>
<tr><td>État religieux</td><td>2 :</td><td>3.33 —</td></tr>
<tr><td>Douze autres professions</td><td>12</td><td></td></tr>
<tr><td>Total</td><td>302</td><td></td></tr>
</table>

Le petit nombre d'accoucheuses et de bouchers contenu dans notre statistique professionnelle générale ne nous permet pas de chercher une proportion.

La proportion la plus forte est pour les marchands ; puis, après, les militaires et douaniers, les professions infimes et les commis, etc. Les tonneliers paraissent peu atteints.

— — · —

BRONCHITES ET CATARRHES PULMONAIRES.

580.

La communauté du siége, jointe à la difficulté pratique qu'on rencontre quelquefois pour les distinguer avec exactitude, nous fait réunir ces deux maladies.

Dans les 580 bulletins qui contribuent à cette étude, une dé-nomination a pu être donnée pour une autre. De plus, le caractère aigu ou chronique n'a pu être apprécié, faute de renseignements précis. Enfin, il y a un autre élément d'inexactitude scientifique que nous sommes obligé de signaler : c'est la confusion possible entre une affection pulmonaire et une maladie des tuyaux aériens. Nous avons ajouté à cette somme les cas de bronchite spéciale appelée *grippe*. Après ces réticences, que la bonne foi scientifique nous commande, nous abordons les études générales sur ce groupe morbide.

Degré de fréquence.

Par rapport à la mortalité générale, la proportion est de 4 à 5 p. %.

Annuellement, à Bordeaux, sur 10,000 habitants, il en meurt par bronchite ou catarrhe 12 à 13.

Influence de l'âge.

Cette partie de notre étude nous révélera la susceptibilité de l'âge extrême pour les affections chroniques, qui, le plus souvent, ne sont pour lui que le catarrhe :

Après 70 ans	324	(113m 211f) :	17 à 18 p. %.
De 60 à 70 ans . . .	132	(54m 78f) :	10 à 11 —
De 50 à 60	64	(32m 32f) :	5 à 6 —
De 40 à 50	16	(9m 7f) :	1 à 2 —
De 30 à 40	5	(2m 3f) :	0.54 —
De 20 à 30	3	(1m 2f) :	0.28 —
De 10 à 20	2	(1m 1f) :	0.27 —
De 5 à 10	0	(0m 0f)	
Au-dessous de 5 ans.	34	(19m 15f) :	0.93 —
Total	580	(231m 349f)	

Le maximum de fréquence est donc après soixante-dix ans. Le catarrhe en fait la majeure partie.

La période de cinq à dix ans ne donne aucun cas de décès.

Influence du sexe.

La part du sexe féminin est de 60 à 61 p. %.

Influence de la misère et de l'aisance.

Hospices . . . . 113 : 19 à 20 p. %.
Bureau de bienfaisance . . . . . . 64 : 11 à 12 —
Total pour la misère secourue ad-
  ministrativement . . . . 177 : 30 à 31 —
Misère privée . . . . 55 : 9 à 10 —
Total pour la misère en général . . 232 : 40 —
Aisance . . . . 61 : 10 à 11 —

Sur 100 décès indigents, la part de ces affections pulmonaires
est de 4 à 5.

Sur 100 décès riches, elle est de 6 à 7.

Il y a donc une supériorité pour l'aisance.

Influence des mois et des saisons.

Janvier 115
Février 75
Mars 71
Avril 40
Mai 37
Juin 27
Juillet 27
Août 19
Septembre 23
Octobre 29
Novembre 55
Décembre 62

Total 580

Ordre de fréquence : Janvier, février, mars, décembre, novembre, avril, mai, octobre, juillet, juin (deux mois *ex æquo*).
septembre, août.

Hiver . . . . 253 : 43 à 44 p. %.
Printemps . . . . 147 : 35 à 36 —
Été . . . . 73 : 12 à 13 —
Automne . . . . 107 : 18 à 19 —

Total 580

L'hiver domine visiblement : l'été est privilégié.

Influence des professions.

215 bulletins désignent la profession.

Proportion pour 100 individus du même groupe.

Professions masculines matérielles.	27 :	4 à 5 p. %.
Professions féminines à gages . . .	24 :	6 à 7 —
Marchands.	13 :	43 à 44 —
Ouvriers ruraux	12 :	9 à 10 —
Cordonniers	10 :	6 à 7 —
Professions en contact avec les métaux, etc.	10 :	5 à 6 —
Employés	10 :	11 à 12 —
Professions infimes.	18 :	16 à 17 —
Professions en contact avec le bois.	9 :	6 à 7 —
Tonneliers	9 :	8 à 9 —
Charretiers, bouviers, cochers. . .	7 :	7 à 8 —
Négociants, financiers.	6 :	8
Professions féminines	12 :	7 à 8 —
Professions à bâtisses	6 :	4.80 —
Militaires ou anciens militaires . .	5 :	4.34 —
Professeurs.	5 :	13 à 14 —
Marins.	4 :	2.58 —
Carrières libérales.	4 :	5 à 6 —
Commis	4 :	6 à 7 —
Tailleurs d'habits	3 :	3.70 —
Peintres	3 :	6 à 7 —
Voiliers, cordiers, vanniers, tisserands	5 :	14 à 15 —
Chapeliers	2 :	16 à 17 —
Sept autres professions.	7	
Total.	215	

Le groupe qui fournit la plus forte proportion est le groupe des marchands ; puis viennent les groupes des chapeliers, des professions infimes, des voiliers, etc.

ASTHMES.

256.

Cette collection de causes léthifères peut être entachée d'un élément d'inexactitude qu'il n'a guère été possible d'éviter : celui de comprendre des maladies thoraciques dont l'asthme serait un simple symptôme, comme l'hydrothorax, l'emphysème, les lésions du cœur, le catarrhe chronique. Dans ces diverses affections, l'embarras de la respiration peut aller jusqu'au point d'effacer la cause, aux yeux du vulgaire, pour ne laisser voir que l'effet.

Ainsi, nous savons que les 256 cas d'asthme dont il va être question peuvent bien renfermer quelques cas autres que l'asthme essentiel, ou trouble purement nerveux des organes de la respiration.

Degré de fréquence.

La part dans la mortalité générale est de 2 à 3 p. %.

Sur 10,000 habitants, il en meurt annuellement, à Bordeaux, 5 à 6 par l'asthme.

Influence de l'âge.

Proportion pour 100.

Après 70 ans.	125 (57^m	68^f) :	6 à 7 p. % .
De 60 à 70 ans. . . .	88 (49^m	39^f) :	7 à 8 —
De 50 à 60	28 (14^m	14^f) :	2 à 3 —
De 40 à 50	12 (7^m	5^f) :	1 à 2 —
De 30 à 40	3 (2^m	1^f) :	0.32 —
Au-dessous de 30 ans.	0 (0^m	0^f)	
Total.	256 (129^m	127^f)	

L'immunité est complète au-dessous de trente ans.

Le maximum se trouve entre soixante et soixante-dix ans.

Néanmoins, il faut ajouter que l'on meurt rarement par l'asthme lui-même ; le plus souvent il survient une complication qui tue : ainsi une pneumonie, un catarrhe, un emphysème, une hydropisie quelconque.

Influence du sexe.

Elle est nulle.

Influence de la misère et de l'aisance.

Hospices.	12 :	4 à 5 p. % .
Bureau de bienfaisance	38 :	14 à 15 —
Total pour la misère secourue administrativement	50 :	19 à 20 —
Misère privée	35 :	13 à 14 —
Total pour la misère en général . .	85 :	33 à 34 —
Aisance	24 :	9 à 10 —

Sur 100 décès pauvres, la part de la misère est de 1 à 2.

Pour 100 décès riches, elle est de 2 à 3.

Ainsi, la part est double, et l'aisance doit être regardée comme élément étiologique dans l'histoire scientifique de l'asthme.

Influence des mois et des saisons.

Janvier	54
Février	27
Mars	37
Avril	18
Mai.	9
Juin.	13
Juillet.	11
Août	21
Septembre . . •	8
Octobre	9
Novembre.	26
Décembre.	23
Total.	256

Ordre de fréquence : Janvier, mars, février, novembre, décembre, août, avril, juin, juillet, octobre, mai (deux mois *ex æquo*), septembre.

Hiver.	104 :	40 à 41 p. % .
Printemps	65 :	25 à 26 —
Été.	45 :	17 à 18 —
Automne.	42 :	16 à 17 —
Total.	256	

L'influence de l'hiver est plus que double vis-à-vis de l'automne.

Ainsi, les asthmatiques doivent redouter l'hiver et préférer l'automne.

Influence des professions.

117 bulletins la désignent.

Proportion pour 100 individus du même groupe.

Professions masculines matérielles.	15 :	2.73 p. %.
Professions en contact avec les métaux, etc.	11 :	6 à 7 —
Professions féminines à gages . . .	9 :	2.40 —
Professions en contact avec le bois.	9 :	7 à 8 —
Employés	8 :	9 à 10 —
Professions pour bâtisses.	6 :	6 à 7 —
Ouvriers ruraux	6 :	4.61 —
Marchands.	5 :	16 à 17 —
Marins, bateliers.	5 :	3.22 —
Boulangers, pâtissiers	5 :	9 à 10 —
Professions féminines	4 :	1.52 —
Cordonniers	5 :	1.12 —
Tailleurs.	5 :	6 à 7 —
Cordiers, voiliers, etc.	4 :	11 à 12 —
Militaires.	3 :	2.60 —
Capitaines de navires, officiers . . •	3 :	5 —
Professions infimes.	2 :	3.33 —
Charcutiers, bouchers	2 :	2.10 —
Tonneliers	2 :	1.81 —
Peintres	2 :	4.44 —
Autres professions.	6	
Total.	117	

La plus forte proportion est fournie par le groupe des marchands et par celui des cordiers, puis par celui des employés et celui des boulangers.

DIVERSES AFFECTIONS CHRONIQUES DE POITRINE.

76.

Outre la pneumonie, la pleurésie, la bronchite, le catarrhe, l'asthme, les organes thoraciques sont exposés à des maladies qui peuvent devenir mortelles.

Nous grouperons celles fournies par nos bulletins, pour les soumettre à des considérations générales. Voici leurs diverses espèces :

Hydrothorax.	20
Congestions pulmonaires	14
Emphysèmes	9
Angines de poitrine.	8
Engorgements pulmonaires.	7
Abcès pulmonaires	3
Œdèmes pulmonaires.	3
Maladies thoraciques indéterminées. . . .	12
Total.	76

Degré de fréquence.

Par rapport à la mortalité générale, 0.65 p. %.

Annuellement, sur 10,000 habitants, il en meurt 1 à 2 par l'une de ces maladies pulmonaires.

Influence de l'âge.

Après 70 ans	22	(13m	9f) :	1 à 2	p. %.
De 60 à 70 ans . . .	13	(9m	4f) :	1 à 2	—
De 50 à 60	9	(5m	4f) :	0.71	—
De 40 à 50	9	(5m	4f) :	1 à 2	—
De 30 à 40	4	(0m	4f) :	0.42	—
De 20 à 30	2	(1m	1f) :	0.19	—
De 10 à 20	5	(2m	3f) :	0.69	—
De 5 à 10	1	(1m	0f)		
Au-dessous de 5 ans	11	(3m	8f) :	0.30	—
Total.	76	(39m	37f)		

Le maximum de fréquence est après soixante ans, et entre quarante et cinquante.

Le minimum est entre dix et cinq ans.

Il faudrait ajouter que les bulletins appartenant à cette dernière période comprennent plusieurs cas d'angine de poitrine dont le diagnostic nous a paru douteux.

Influence du sexe.

Elle est nulle.

Influence de la misère et de l'aisance.

Hospices . . . . 12 : 18 à 19 p. %.
Bureau de bienfaisance . . . • . . . 5 : 6 à 7 —
Total pour la misère secourue ad-
ministrativement . . . . 17 : 22 à 23 —
Aisance . . . . 17 : 22 à 23 —

Sur 100 décès pauvres, la part de ces affections pulmonaires chroniques est de 0.32.

Sur 100 décès riches, elle est de 1 à 2.

Ainsi, la proportion est plus que double pour l'aisance, ce qui fait une prédisposition pour elle.

Influence des mois et des saisons sur la terminaison de ces maladies.

Janvier	9
Février	9
Mars	8
Avril	8
Mai	13
Juin	4
Juillet	7
Août	3
Septembre	0
Octobre	2
Novembre	5
Décembre	8
Total	76

Ordre de fréquence : Mai, janvier, février (deux mois *ex æquo*), mars, avril, décembre (trois mois *ex æquo*), juillet, novembre, juin, août, octobre, septembre.

Hiver.	26 :	34 à 35 p. %.
Printemps	29 :	38 à 39 —
Été.	14 :	18 à 19 —
Automne.	7 :	7 à 8 —
Total.	76	

C'est donc au printemps que dominent ces affections thoraciques.

Influence des professions.

28 bulletins la signalent.

Proportion pour 100 individus du même groupe.

Professions en contact avec le bois.	5 :	4.16 p. %.
Professions masculines matérielles.	4 :	0.73 —
Professions libérales	4 :	6 à 7 —
Rentiers, propriétaires.	3 :	1.87 —
Professions féminines	2 :	0.76 —
Employés.	2 :	2.42 —
Huit autres professions	8	
Total.	28	

C'est le groupe des professions libérales qui fournit la plus forte proportion ; puis vient le groupe des menuisiers, etc.

AFFECTION DIPHTÉRITIQUE : ANGINE ET CROUP.

397.

Nous comprenons sous cette dénomination les cas où des membranes diphtéritiques ont envahi soit le larynx (croup), soit le pharynx, le voile du palais, les amygdales (angine couenneuse), soit les deux régions à la fois. Cette classe de causes mortifères est très-exacte, et nous sommes à peu près certain qu'aucun des 397 bulletins qui les mentionnent n'a inséré une erreur. De plus, il est à présumer qu'aucun cas de décès appartenant à ce groupe n'a échappé à la collection.

Le seul élément d'erreur qui serait possible, c'est que le croup ait passé quelquefois sous la rubrique d'*angine couenneuse*, et réciproquement.

Degré de fréquence.

La part de cette cause mortifère dans la mortalité générale est de 3 à 4 p. $^o/_o$.

Annuellement, dans Bordeaux, pour 10,000 habitants, le tribut mortuaire payé à cette maladie est de 8 à 9.

Influence de l'âge.

Proportion pour 100.

Après 70 ans.	2 (	1^m	1^f) :	0.10 p. $^o/_o$.
De 60 à 70 ans. . . .	1 (	0^m	1^f) :	0.08 —
De 50 à 60.	2 (	1^m	1^f) :	1.18 —
De 40 à 50.	1 (	0^m	1^f) :	0.11 —
De 30 à 40.	4 (	1^m	3^f) :	0.42 —
De 20 à 30.	3 (	1^m	2^f) :	0.28 —
De 10 à 20.	14 (	5^m	9^f) :	1.90 —
De 5 à 10.	49 (	24^m	25^f) :	15 à 16 —
De 2 à 5.	186 (	94^m	92^f) :	30 à 31 —
De 1 à 2.	71 (	41^m	30^f) :	7 à 8 —
Au-dessus de 1 an. .	64 (	41^m	23^f) :	3 à 4 —
Total.	397 (	209^m	188^f)	

Le maximum est entre deux et cinq ans, puis entre cinq et dix, un et deux, et au-dessous d'un an. A mesure que l'on monte, la prédisposition diminue.

Influence du sexe.

On ne voit guère de prédominance d'un sexe sur un autre dans les diverses séries d'âge. Seulement, au total, le sexe masculin paraît un peu plus frappé; sa part est de 52 : 39 p. $^o/_o$.

Influence de la misère et de l'aisance.

Hospices.	10 :	2 à 3 p. %.
Bureau de bienfaisance	41 :	10 à 11 —
Total pour la misère secourue ad-		
ministrativement	51 :	12 à 13 —
Misère privée.	86 :	21 à 22 —
Total pour la misère en général. .	137 :	34 —
Aisance	22 :	5 à 6 —

Sur 100 décès indigents, la part de l'affection diphtéritique est de 2 à 3.

Sur 100 décès riches, elle est encore de 2 à 3.

Influence des mois et des saisons.

Janvier	33
Février	45
Mars	39
Avril	33
Mai	15
Juin.	28
Juillet.	32
Août.	30
Septembre.	26
Octobre	46
Novembre.	39
Décembre.	31
Total.	397

Ordre de fréquence : Octobre, février, mars, novembre (deux mois *ex æquo*), janvier, décembre, août, juin, septembre, avril, juillet, mai.

Hiver.	129 :	32 à 33 p. %.
Printemps	77 :	19 à 20 —
Été.	80 :	20 à 21 —
Automne	111 :	23 à 24 —
Total.	397	

C'est l'hiver qui domine : c'est le printemps qui fournit le moins

de cas. L'affection diphtéritique sévit quelquefois sous forme d'é-
pidémie.

Durée de l'affection diphtéritique.

Cet élément de nosologie est assez important pour attirer l'at-
tention de la statistique. 294 bulletins mentionnent la durée de
la maladie; en voici la distribution, avec la proportion pour 100
à certaines périodes de durée :

Décès.	Nombre.
Dans la 1re journée.	35 : 11 à 12 p. %.
De 1 à 2 jours	50 : 17 —
De 2 à 3	67 : 22 à 23 —
De 3 à 4	36 : 12 à 13 —
De 4 à 5	32 : 10 à 11 —
De 5 à 6	9 : 3 à 4 —
De 6 à 7	5 : 1 à 2 —
De 7 à 8	24 : 8 à 9 —
De 8 à 9	5 : 1 à 2 —
De 9 à 10	4
De 10 à 11	3
De 11 à 12	2
De 12 à 20	13 : 4 à 5 —
Au delà de 20	9 : 3 à 4 —
Total.	294

Ainsi, la mortalité est à son maximum entre le 2e et le 3e jour
de la maladie, puis entre le 1er et le 2e, le 3e et le 4e.

Si on avait un tableau un peu plus complet, on pourrait résoudre le problème suivant : Étant donné un cas de diphtérite,
donner le degré de chance de vie jusqu'à telle ou telle période de
la maladie.

Angine couenneuse.

45.

Cette forme particulière de l'affection diphtéritique mérite
quelques considérations spéciales.

Les 397 bulletins mentionnent 45 angines, qui se distribuent
par âge comme il suit :

Après 70 ans.   1
De 60 à 70 ans   1
De 50 à 60   2
De 40 à 50   1
De 30 à 40   1
De 20 à 30   2
De 10 à 20   5
Au-dessus de 10 32

Total. 45

Croup.

335.

En défalquant 45 cas d'angine et 14 cas de diphtérite indéterminés, on a pour le croup le nombre 335.

Degré de fréquence.

Par rapport à la mortalité générale, la proportion est de 2 à 3 p. %.

Annuellement, sur 10,000 habitants, il en meurt 6 à 7 par le croup.

Le croup est une véritable maladie de l'enfance. C'est à lui que s'adresse la forte proportion trouvée pour les périodes inférieures à cinq ans.

COQUELUCHE.

78.

La coqueluche est une maladie populaire et facile à reconnaître. Aussi pouvons-nous assurer que le nombre de 78 décès dus à cette cause morbide ne renferme aucune erreur. Néanmoins, il est très-possible qu'il s'y soit glissé quelques cas de rougeole compliquée de coqueluche, et qu'on ait négligé de mentionner la maladie primitive.

Degré de fréquence.

0.67 p. % par rapport à la mortalité générale.

Sur 10,000 habitants, il en meurt annuellement 1 à 2 par coqueluche.

Influence de l'âge.

Jusqu'à 1 an . . . . . . 40 (22^m 18^f) : 1 à 2 p. %.
De 1 à 2 ans. . . . . . 13 (3^m 10^f) : 1 à 2 —
De 2 à 5. . . . . 21 (6^m 15^f) : 3 à 4 —
De 5 à 10. . . . . . . 4 (0^m 4^f) : 1 à 2 —

Total . . . . . . 78 (31^m 47^f)

En général, la fréquence de la coqueluche pour l'âge au-dessous de cinq ans est de 2 à 3 p. %.

On remarquera l'immunité complète après dix ans.

Les 4 cas qui se trouvent classés dans la période de cinq à dix ans se trouvent, à la rigueur, restreints entre cinq et sept ans, en sorte qu'on peut dire que l'immunité commence réellement après sept ans.

Influence de la misère et de l'aisance.

Hospices 0
Bureau de bienfaisance . . . . . 13 : 16 à 17 —
Misère privée . . . . 28 : 35 à 36 —
Total de la misère en général. . 31 : 52 à 53 —
Aisance 1

Sur 100 décès indigents, la part de la coqueluche est de 0.59. Sur 100 décès riches, elle n'est que de 0.09.

Ainsi, la misère intervient pour une part relativement bien supérieure dans la mortalité par coqueluche. Elle expose, en effet, à de mauvaises conditions hygiéniques qui apportent à la maladie un élément de gravité qu'elle n'a pas par elle-même.

Influence des mois et des saisons.

Janvier 7
Février 6
Mars 4
Avril 3
Mai 4
Juin 4

A reporter 28

Report.	28
Juillet.	6
Août	5
Septembre	9
Octobre.	6
Novembre.	13
Décembre.	11
Total.	78

Ordre de fréquence : Novembre, décembre, septembre, janvier, février, juillet, octobre (trois mois *ex æquo*), août, mars, mai, juin (trois mois *ex æquo*), avril.

Hiver	24 cas :	30 à 31 p. %.
Printemps.	11 — :	14 à 15 —
Été	15 — :	19 à 20 —
Automne	28 — :	35 à 36 —
Total.	78	

L'automne a une part plus que double relativement au printemps.

DIVERSES AFFECTIONS DES VOIES AÉRIENNES.

66.

Après avoir étudié les causes de décès par affections des organes thoraciques et par diphtérite de la gorge et du larynx, il nous reste un ensemble d'autres maladies siégeant aussi dans les voies aériennes, qui sont dissemblables par leur nature, et que nous groupons ici à cause de leur petit nombre.

Nos 66 bulletins les distribuent comme il suit :

Angines	20
Phthisies laryngées.	15
Amygdalites	4
Laryngites	4
Corysas.	4
Polypes naso-pharyngiens	2
A reporter.	49

Report.   49

Œdèmes de la glotte.   2

Spasme de la glotte, pharyngite   2

Affections (indéterminées) des voies aériennes. . .   6

Affections (indéterminées) de la gorge.   5

Affections (indéterminées) du larynx.   2

Total   66

Degré de fréquence.

Par rapport à la mortalité générale. la proportion est de 0.56 p. %.

Annuellement, sur 10,000 habitants, il en meurt 4 à 5 par une de ces maladies des voies aériennes.

Influence de l'âge.

Après 70 ans.	1	(	0^m	1^f)	: 0.05 p. %.
De 60 à 70 ans. . . .	4	(	4^m	0^f)	: 0.32 —
De 50 à 60.	4	(	2^m	2^f)	: 0.35 —
De 40 à 50.	5	(	1^m	4^f)	: 0.59 —
De 30 à 40.	5	(	1^m	4^f)	: 0.53 —
De 20 à 30.	9	(	5^m	4^f)	: 0.84 —
De 10 à 20.	3	(	1^m	2^f)	: 0.40 —
De 5 à 10.	2	(	1^m	1^f)	: 0.60 —
Au-dessous de 5 ans.	33	(	15^m	18^f)	: 0.88 —
Total.	66	(	30^m	36^f)	

Le maximum de fréquence est donc au-dessous de cinq ans.
Le minimum est après soixante-dix ans.

Influence du sexe.

Le sexe féminin paraît un peu plus prédisposé : 54 à 55 p. %.

Influence de la misère et de l'aisance.

Hospices. . . . .   9 : 13 à 14 p. %.

Bureau de bienfaisance. . . . .   4 : 6 à 7 —

Total pour la misère secourue administrativement . . . . 13 :   20

Misère privée. . . . . 19 : 29 à 30 -

Total pour la misère en général. . . 32 : 46 à 47 --

Aisance. . . . . 10 : 15 à 16 —

Sur 100 décès indigents, la part de ces affections est de 0.72.

Sur 100 décès riches, elle est de 0.98.

Cette supériorité est bien faible.

Influence des mois et des saisons.

Janvier.	8
Février.	4
Mars.	6
Avril.	4
Mai.	6
Juin	1
Juillet . . . . `.	5
Août.	6
Septembre.	3
Octobre . . . . `.	4
Novembre	9
Décembre	10
Total.	66

Ordre de fréquence mensuelle : Décembre, novembre, janvier, mars, mai, août (trois mois *ex æquo*), juillet, février, avril, octobre (trois mois *ex æquo*), septembre, juin.

Hiver.	22 : 33 à 34 p. %.
Printemps	16 : 24 à 25 —
Été.	12 : 18 à 19 —
Automne	16 : 24 à 25 —
Total.	66

L'hiver paraît favoriser la production des maladies des voies aériennes.

Influence des professions.

20 bulletins la désignent.

Proportion pour 100 individus du même groupe.

Professions féminines à gages.	5 : 1.39
Professions en contact avec le bois	4 : 3.33
Professions à bâtisses.	3 : 2.40
Professions masculines matérielles	2 : 0.36
Six autres professions.	6
Total.	20

15.

Comme nous l'avons fait remarquer ailleurs, cette affection n'est qu'une des formes de la diathèse tuberculeuse. Nous n'osons affirmer que le nombre des décès dus à cette manifestation de la tuberculose pendant les trois dernières années ne soit pas plus grand.

Influence de l'âge.

Entre 50 et 60. 3
— 40 et 50. 3
— 30 et 40. 3
— 20 et 30. 4
— 10 et 20. 2
Total. 15

Influence du sexe.

La part du sexe féminin est de 66 à 67 p. %.

MALADIES DE CŒUR.

425.

Nous réunissons sous cette dénomination, assez vague au point de vue de la rigueur scientifique, toutes les affections qui ont leur siége dans le cœur ou dans son enveloppe. Nous exclurons néanmoins celles qui ont produit une mort subite, c'est-à-dire une mort à laquelle les décédés devaient ne pas s'attendre, à cause de leur santé relativement bonne, malgré le germe morbide qui, tôt ou tard, devait atteindre des proportions mortelles. Nous avons traité cette question à l'occasion des morts subites.

Les diverses maladies du cœur sont : l'endocardite, l'insuffisance des valvules, le rétrécissement des ouvertures, l'amincissement ou l'épaississement des parois, l'hypertrophie et l'atrophie, les palpitations nerveuses, la névralgie, la péricardite, l'hydropéricardite.

Nos 425 bulletins ne peuvent pas être classés avec la précision que nécessiterait cette nomenclature ; cependant, nous ferons connaître les divers groupes sous lesquels ces maladies sont indiquées :

Affections du cœur sans autres désignations 196
Hypertrophie. 118
Hydropéricardite. 38
Anévrismes *(sic)*. 35
Endocardites. 27
Palpitations, étouffements 8
Péricardite, cardialgie, ossification des valvules . . 3

20 cas d'endocardite sont signalés comme ayant une origine rhumatismale.

COMPLICATIONS.

67 bulletins signalent ces complications : 15 à 16 p. %.

Infiltration séreuse, soit dans les cavités naturelles,
 soit dans les parties molles. 41
Complications pulmonaires 11
Maladies du foie 5
Accidents cérébraux 2
Péritonite. 2
Diabète, obésité, phthisie pulmonaire, diarrhée,
 hernie, maladie de vessie 6
       Total. 67

Degré de fréquence.

Par rapport à la mortalité générale, 3 à 4 p. %.

Sur 10,000 individus, il en meurt annuellement 8 à 9 par maladie de cœur.

Influence de l'âge.

Proportion pour 100.

Après 70 ans. . . . . . . 73 (27^m 46^f) : 3 à 4 p. %.
De 60 à 70 ans . . . . . 86 (55^m 31^f) : 7 à 8 —
De 50 à 60 . . . . 97 (71^m 26^f) : 8 à 9 —
De 40 à 50 . . . . 69 (34^m 35^f) : 8 à 9 —
De 30 à 40 . . . . 33 (17^m 16^f) : 3 à 4 —
De 20 à 30 . . . . 30 (19^m 11^f) : 2 à 3 —
De 10 à 20 . . . . 15 (9^m 6^f) : 2 à 3 —
De 5 à 10 . . . . 3 (2^m 1^f) : 0.96 —
Au-dessous de 5 ans. . 19 (10^m 9^f) : 0.52 —
   Total . . . . . 425 (244^m 181^f)

Le maximum de fréquence est de quarante à soixante ans ;
Le minimum, au-dessous de cinq ans.

Influence du sexe.

Le sexe masculin a une part un peu supérieure : 57 à 58 p. %.

Influence de la misère et de l'aisance.

Hospices. . . . . 164 : 38 à 39 p. %.
Bureau de bienfaisance. . . . . . . 16 : 3 à 4 —
Total pour la misère secourue ad-
   ministrativement . . . . 180 : 42 à 43 —
Misère privée. . . . . 39 : 9 à 10 —
Total pour la misère en général . . 219 : 51 à 52 —
Aisance . . . . 71 : 16 à 17 —

Pour 100 décès indigents, la part des maladies de cœur est
de 4 à 5.
Pour 100 décès riches, elle est de 7 à 8.
La supériorité est assez sensible pour l'aisance.

Influence du célibat.

L'hérédité est un élément étiologique incontestable dans les
maladies du cœur.
Le célibat serait donc un conseil médical pour les individus
atteints d'une de ces maladies. On devrait éviter les alliances
avec les familles où se transmet ce triste héritage.
92 célibataires : 21 à 22 p. % ; en défalquant les individus non
adultes, la proportion est 22 à 23 p. %.

*Influence des mois et des saisons sur la terminaison des
maladies de cœur.*

Janvier 27
Février 40
Mars. 44
Avril 41
Mai 44
Juin. 41
     A reporter. 237

Report 237

Juillet	26
Août	25
Septembre	36
Octobre	26
Novembre	35
Décembre	40
Total	425

Ordre de fréquence : Mars, mai (deux mois *ex æquo*), avril, juin (deux mois *ex æquo*), février, décembre (*ex æquo*), septembre, novembre, janvier, juillet, octobre (deux mois *ex æquo*), août.

Hiver	107 :	25 à 26 p. %.
Printemps	129 :	30 à 31 —
Été	92 :	21 à 22 —
Automne	97 :	22 à 23 —
Total	425	

C'est au printemps surtout que se terminent fatalement les maladies de cœur.

Influence des professions.

248 bulletins désignent la profession.

Proportion pour 100 individus du même groupe.

Professions masculines purement matérielles	36 :	6 à 7 p. %.
Propriétaires, rentiers	17 :	10 à 11 —
Professions en contact avec le bois .	14 :	11 à 12 —
Militaires gradés, capitaines de navires .	14 :	23 à 24 —
Négociants, financiers	14 :	18 à 19 —
Professions féminines à gages . . .	14 :	3 à 4 —
Marins	11 :	7 à 8 —
Ouvriers ruraux	13 :	10
Petits marchands	12 :	16
Professions féminines	11 :	4 à 5 —
Professions en contact avec les métaux, etc	10 :	5 à 6 —
A reporter	166	

Report. 166		
Tonneliers.	8 :	7 à 8 p. %.
Cordonniers.	8 :	5
Professions infimes	8 :	13 à 14 —
Charretiers, cochers, etc..	8 :	9 à 10 —
Professions pour bâtisses	7 :	5 à 6 —
Employés	5 :	6 à 7 —
Instituteurs, écrivains.	4 :	11 à 12 —
État religieux	5 :	5
Commis	4 :	6 à 7 —
Boulangers, pâtissiers.	3 :	5 à 6 —
Tailleurs, selliers	3 :	3.70 —
Professions libérales.	2 :	3.62
Dix-sept professions diverses . . .	17	
Total. 248		

Le maximum de fréquence se trouve dans le groupe des militaires gradés et des capitaines de navire, ensuite chez les négociants et financiers, puis dans le groupe des professions infimes. Celui des professions libérales paraît en fournir bien peu.

———

MALADIES DU FOIE.

103.

Cette classe de causes mortuaires, quoique bien simple en apparence, a néanmoins un élément d'inexactitude qu'il n'est pas possible d'éviter. Le foie peut être atteint de plusieurs maladies organiques, dont le diagnostic est même déjà très-difficile pour des médecins instruits. S'agit-il d'une inflammation, d'une hypertrophie, d'une cirrhose, d'un kyste, d'un abcès, d'un cancer, d'une simple congestion, d'obstacles à l'excrétion de la bile par les calculs? Il faut donc se contenter de la désignation vague de *maladies de foie*.

Avec cette restriction, nous avons réuni 103 cas. Mais il est probable qu'ils sont plus nombreux, et que plusieurs ont passé sous la rubrique des *hydropisies*.

Degré de fréquence.

Le rapport avec la mortalité générale est de 0.88 p. %.

Annuellement, il meurt 2 à 3 individus pour 1,000 par suite d'une maladie de foie.

Influence de l'âge.

Proportion pour 100.

Après 70 ans	16	(7m 9f) :	0.95 p. %.
De 60 à 70	24	(7m 17f) :	1 à 2 —
De 50 à 60	21	(6m 15f) :	1 à 2 —
De 40 à 50	16	(10m 6f) :	1 à 2 —
De 30 à 40	10	(5m 5f) :	0.94 —
De 20 à 30	4	(3m 1f) :	0.37 —
De 10 à 20	7	(3m 4f) :	0.95 —
De 5 à 10	2	(1m 1f) :	0.64 —
Au-dessous de 5 ans.	3	(2m 1f) :	0.08 —
Total.	103	(44m 59f)	

Ainsi, le maximum de fréquence est après quarante ans. La part de la première enfance est insignifiante.

Influence du sexe.

La supériorité du sexe féminin est assez prononcée : 57 à 58 p. %.

Influence de la misère et de l'aisance.

Hospices	23 : 22 à 23 p. %.
Bureau de bienfaisance.	7 : 6 à 7 —
Total pour l'indigence secourue administrativement	30 : 29 à 30 —
Misère privée.	6 : 5 à 6 —
Total pour la misère en général. .	36 : 35 à 36 —
Aisance	12 : 11 à 12 —

Pour 100 décès pauvres, la part des maladies du foie est de 0.69.

Sur 100 décès riches, elle est de 1.17.

Ainsi, la part de l'aisance est presque double.

9

Influence des mois et des saisons sur la terminaison.

Janvier	12
Février	6
Mars	8
Avril	9
Mai	9
Juin.	10
Juillet.	8
Août	9
Septembre	8
Octobre	4
Novembre.	9
Décembre.	11
Total.	103

Ordre de fréquence mensuelle : Janvier, décembre, juin, avril, mai, août, novembre (quatre mois *ex æquo*), mars, juillet, septembre (trois mois *ex æquo*), février, octobre.

Hiver.	29 : 28 à 29 p. %.
Printemps	26 : 25 à 26 —
Été.	27 : 26 à 27 —
Automne.	21 : 20 à 21 —
Total.	103

C'est donc l'hiver qui paraît influencer le plus la terminaison fâcheuse des maladies de foie.

Durée de la maladie.

30 bulletins seulement mentionnent ce renseignement, et voici leur distribution :

Dans le premier mois de la maladie	5
Entre 1 et 2 mois	5
— 2 et 3	4
— 3 et 4	2
— 4 et 6	2
— 5 et 6	4
— 7 et 8	2
— 9 et 10	1
— 14 et 15	2

A 18 mois. 1
A 2 ans. 1
A 3 ans. 1

Influence du célibat.

21 célibataires (12m 9f) : 20 à 21 p. %.

Influence des professions.

46 professions ont été désignées.

Proportion pour 100 individus du même groupe.

Professions masculines matérielles :
 terrassiers, etc. . . . .   8 : 1.46 p. %.
Professions à métaux, à feu. . . . . . .   4 : 2.19 —
Commis. . . . .   4 : 6 à 7 —
Tonneliers. . . . .   3 : 2.72 —
Ouvriers ruraux. . . . .   3 : 2.30 —
Professions féminines à gages. . . . .   3 : 0.53 —
Charretiers, cochers. . . . .   2 : 2.10 —
Marins . . . .   2 : 1.27 —
Cordonniers. . . . .   2 : 1.25 —
Militaires, douaniers . . . .   1 : 1.25 —
Professions en contact avec le bois. .   2 : 1.66 —
Employés. . . . .   2 : 2.40 —
Boulangers . . . .   2 : 3.63 —
Huit autres professions.   8
        Total   46

Le groupe des commis offre la plus forte proportion, puis vient celui des boulangers.

Lieux de naissance.

Les maladies chroniques ne sont pas sans être influencées par la topographie, avec tout ce qui en dépend sous le rapport climatérique et géologique. Les maladies de foie doivent donc subir leur part d'influence. Nous chercherons à l'apprécier avec nos quelques éléments.

Nés dans Bordeaux. . . . . 31 :   30 p. %.
—   le reste de la Gironde . . 23 : 22 à 23 —
—   les pays étrangers . . . . 5 : 4 à 5 —
—   le reste de la France. . . 44 : 42 à 43 —

Pour les départements, la part des Basses-Pyrénées est de 10 :
9 à 10 p. %.

MALADIES DES VOIES GÉNITO-URINAIRES.

(Non compris les cancers.)

123.

Cette classification anatomique rapproche plusieurs maladies
qui sont d'une nature très-diverse, et dont voici la distribution :

Rétention d'urine (sans autre désignation). 27
Cystite, catarrhe vésical. 20
Albuminurie, néphrite albumineuse, maladie de
  Brigth 16
Fistules urinaires, infiltration urineuse 15
Diabète sucré. 10
Calculs, gravelles 7
Affections des voies urinaires (sans autre désigna-
  tion). 7
Maladies de vessie (sans autre désignation) 5
Hématurie. 4
Paralysie de vessie. 4
Maladies des ovaires 3
Maladies des testicules, de la prostate, des parties
  génitales. fistule vésico-rectale, hydrocèle. . . . 5
Total. 123

Degré de fréquence.

Par rapport à la mortalité générale, la proportion est de 1 à
2 p. %.

Annuellement, pour 10,000 habitants, 2 à 3 meurent par maladie des voies génito-urinaires.

Influence de l'âge.

Proportion pour 100.

Après 70 ans	27	(25^m 2^f) :	1 à 2 p. %
De 60 à 70 ans	29	(25^m 4^f) :	2 à 3 —
De 50 à 60	22	(20^m 2^f) :	1 à 2 —
De 40 à 50	19	(12^m 7^f) :	2 à 3 —
De 30 à 40	8	(7^m 1^f) :	0.85 —
De 20 à 30	8	(7^m 1^f) :	0.75 —
De 10 à 20	6	(3^m 3^f) :	0.81 —
De 5 à 10	0	(0^m 0^f)	
Au-dessous de 5 ans .	4	(3^m 1^f) :	0.11 —
Total.	123	(102^m 21^f)	

Le maximum de fréquence est entre soixante et soixante-dix ans, puis quarante et cinquante ans.

Le minimum est entre cinq et dix ans, période qui n'a fourni aucun cas.

Influence du sexe.

La prédisposition pour le sexe masculin est parfaitement prononcée : 82 à 83 p. %. Comme compensation, on peut mettre en parallèle les maladies utérines, qui paraissent rétablir l'équilibre dans la mortalité pour les maladies des voies génito-urinaires chez les deux sexes.

Influence de la misère et de l'aisance.

Hospices.	40 :	32 à 33 p. %
Bureau de bienfaisance	3 :	2 à 3 —
Total des indigents secourus officiellement	43 :	34 à 35 —
Misère privée	9 :	7 à 8 —
Total pour la misère en général. .	52 :	42 à 43 —
Aisance	21 :	17 à 18 —

Sur 100 décès indigents, la part de la misère est de 1.

Sur 100 décès riches, elle est de 2.

Ainsi, la part de la classe aisée est double.

Influence du célibat.

Le célibat expose un grand nombre d'hommes à des excès qui ne sont pas sans influence sur les organes génito-urinaires. Il n'est donc pas dépourvu d'intérêt d'apprécier ici son influence numérique :

$$25 \text{ cas } (23^m \ 2^f) : 24 \text{ à } 25 \text{ p. } \%.$$

Influence des mois et des saisons sur la terminaison mortelle de ces maladies.

Janvier	13
Février	13
Mars	12
Avril	8
Mai	6
Juin	5
Juillet	6
Août	10
Septembre	11
Octobre	15
Novembre	12
Décembre	12
Total	123

Ordre de fréquence : Octobre, janvier, février (deux mois *ex æquo*), mars, décembre, novembre (trois mois *ex æquo*), septembre, août, avril, mai. juillet (deux mois *ex æquo*), juin.

Hiver	38 :	30 à 31 p. %.
Printemps	26 :	21 à 22 —
Été	21 :	17 à 18 —
Automne	38 :	30 à 31 —
Total	123	

L'hiver et l'automne sont véritablement funestes aux malades frappés dans les voies génito-urinaires; l'été leur est sensiblement favorable.

Influence des professions.

100 bulletins la désignent.

Proportion pour 100 individus du même groupe.

Professions masculines matérielles :

portefaix, etc.	15 :	2.75 p. %.
Professions en contact avec le bois.	9 :	7 à 8 —
Propriétaires, rentiers.	8 :	5 —
Professions en contact avec les métaux	7 :	3.84 —
Professions à bâtisses	5 :	4 —
Marins.	5 :	3.22 —
Employés	5 :	6 à 7 —
Professions libérales	5 :	9 à 10 —
Tonneliers	4 :	3.63 —
Cordonniers	4 :	2.50 —
Charretiers, cochers.	4 :	4.21 —
Ouvriers ruraux.	3 :	2.50 —
Octroyens, gardes, facteurs.	3 :	2.60 —
Officiers retraités	3 :	5 —
Professions féminines	2 :	0.76 —
Petits marchands	2 :	2.66 —
Commis.	2 :	3.33 —
Douze autres professions.	14	
Total.	100	

La plus forte proportion est pour le groupe des professions libérales, puis pour celui des professions en contact avec le bois, et enfin celui des employés.

Durée de la maladie.

Dans le 1er mois	7 cas.
De 1 à 2 mois.	2 —
De 3 à 4.	4 —
De 5 à 6.	3 —
De 7 à 8.	3 —
De 9 à 10.	1 —
A 12 mois	1 —
A reporter.	21

Report.	21
A 18 mois	1 cas.
A 2 ans.	2 —
A 3.	3 —
De 5 à 6 ans	3 —
A 20 ans	1 —
A 25	1 —
Total.	32

Il n'est guère possible de prendre une moyenne avec un si petit nombre et une telle différence dans les divers cas.

AFFECTIONS INTESTINALES ET GASTRO-INTESTINALES.

914.

Nous comprendrons sous cette dénomination les maladies que 914 bulletins désignent sous le nom de diarrhée et vomissement, cholérine, gastro-entérite, entérite, diarrhée simple; en un mot, nous groupons ici les désordres intestinaux qui diffèrent de la fièvre typhoïde, de l'entérite folliculeuse, du choléra-morbus, de la dyssenterie. Quoique nous ayons cherché à élaguer les affections intestinales qui sont la complication ou le symptôme d'une autre maladie, il est très-possible que quelques-uns de ces 914 cas appartiennent à quelques-unes de ces maladies. Les sources auxquelles nous puisons les renseignements médicaux ne peuvent pas lever ce doute. Malgré ce côté faible, l'étude que nous entreprenons n'en offre pas moins de l'intérêt.

Nous partagerons les 914 cas en deux groupes assez distincts :

1° Diarrhée et vomissement, gastro-entérite, cholérine . . . . 398 cas.
2° Diarrhée simple, entérite. . . . . 516 —

Degré de fréquence.

Le premier groupe, par rapport à la mortalité générale, donne 3 à 4 %.

Pour 10,000 habitants, il en fait mourir annuellement 8 à 9.

Le deuxième groupe, par rapport à la mortalité générale, donne 4 à 5.

Pour 10,000 habitants, il en fait mourir annuellement 10 à 11.

L'ensemble des deux groupes, par rapport à la mortalité générale, donne 8 à 9 p. %.

Pour 10,000 habitants, il en fait mourir annuellement 19.

Influence de l'âge.

Elle est prononcée d'une manière bien manifeste, et nous allons distribuer les 914 cas en diverses séries d'âge, pour faire ressortir la prédisposition particulière de la première enfance aux deux groupes que nous avons faits. Dans ce tableau, nous donnerons la proportion pour 100.

	1er groupe.		2e groupe.		Réunion des 2 groupes.	
Après 70 ans.	10 :	0.53	41 . 2 à 3		51 : 3 à 4	
De 60 à 70. .	10 :	0.81	46 : 3 à 4		56 : 4 à 5	
De 50 à 60. .	7 :	0.62	32 : 2 à 3		39 : 3 à 4	
De 40 à 50. .	10 :	1 à 2	25 : 2 à 3		35 : 4 à 5	
De 30 à 40. .	5 :	0.53	15 : 1 à 2		20 : 2 à 3	
De 20 à 30. .	11 :	1 à 2	17 : 1 à 2		28 : 2 à 3	
De 10 à 20. .	3 :	0.40	8 : 1 à 2		11 : 1 à 2	
De 5 à 10. .	6 :	1 à 2	13 : 4 à 5		19 : 6 à 7	
De 2 à 5. .	13 :	2 à 3	26 : 4 à 5		39 : 6 à 7	
De 1 à 2. .	93 :	9 à 10	71 : 7 à 8		164 : 16 à 17	
Au-delà de 1 an .	230 :	11 à 12	222 : 11 à 12		452 : 23 à 24	
Total. . . .	398 :	3 à 4	516 : 4 à 5		914 : 7 à 8	

Pour le premier groupe, le maximum de fréquence est dans la première année, et la prédisposition semble fuir à mesure que les années s'avancent dans la période décennale. C'est entre dix et vingt ans qu'on meurt le moins par la diarrhée et le vomissement.

Pour le deuxième groupe, le maximum de fréquence est encore dans la première année. De dix à quarante ans, la prédisposition est la même, et au minimum. La diarrhée seule ou l'entérite tue plus d'adultes que la diarrhée et le vomissement.

Influence du sexe.

Nos recherches nous ont prouvé qu'elle était à peu près nulle.

Influence de la misère et de l'aisance.

Hospices. . . . . 101 : 11 à 12 p. %.
Bureau de bienfaisance . . . . . . 78 : 8 à 9 —
Total pour la misère secourue ad-
  ministrativement . . . . 179 : 19 à 20 —
Misère privée . . . . 221 : 24 à 25 —
Total pour la misère en général . . 400 : 44 à 45 —
Aisance . . . . 39 : 4 à 5 —

Sur 100 décès pauvres, la part des affections gastro-intestinales est de 7 à 8.

Pour 100 décès riches, le contingent n'est que de 3 à 4.

On voit que l'indigence prédispose deux fois plus que l'aisance aux affections gastro-intestinales.

Influence des mois et des saisons.

Janvier 41
Février 26
Mars 38
Avril 36
Mai. 36
Juin. 47
Juillet. 162
Août 225
Septembre. 157
Octobre. 71
Novembre. 36
Décembre. 39
　　　　　Total. 914

Ordre de fréquence : Août, juillet, septembre, octobre, juin, janvier, décembre, mars, avril, mai (deux mois *ex æquo*), novembre, février.

Hiver. . . . . 106 : 11 à 12 p. %.
Printemps . . . . 110 : 11 à 12 —
Été. . . . . 434 : 47 à 48 —
Automne. . . . . 264 : 32 à 33 —
　　　Total 914

L'influence de l'été est désastreuse pour les affections intestinales spécifiées plus haut; l'hiver, au contraire, est remarquable par son immunité relative. Une conclusion pratique sort de ce résultat, c'est que les personnes dont les intestins sont susceptibles doivent fuir les saisons chaudes, et, pour amener une guérison, qui souvent est aussi longue que difficile, elles devraient chercher un climat à température moins élevée.

Influence des professions.

112 bulletins la désignent.

Proportion pour 100 individus du même groupe.

Professions masculines matérielles.	22 :	4.03 p. % .
Professions féminines	14 :	5 à 6 —
Professions féminines à gages . . .	8 :	2.10 —
Tonneliers	6 :	5 à 6 —
Professions en contact avec le bois.	6 :	5 —
Marins	5 :	3.22 —
Négociants, financiers	5 :	6 à 7 —
Charretiers, conducteurs	5 :	5 à 6 —
Professions en contact avec les métaux, etc.	5 :	2.19 —
Militaires	4 :	3.47 —
Professeurs	4 :	10 à 11 —
Ouvriers ruraux	4 :	3.07 —
Tailleurs d'habits	3 :	3.82 —
Officiers retraités	2 :	3.33 —
Cordonniers	2 :	1.25 —
Professions infimes.	2 :	3.33 —
Quinze autres professions	15	
Total	112	

Le groupe professionnel qui fournit le plus de décès est celui des professeurs; vient ensuite celui des négociants et financiers.

DYSSENTERIES.

102.

Ce groupe est assez exact, parce que la présence du sang dans les selles est un signe caractéristique de la maladie, appréciable pour tout le monde. Nos 102 bulletins doivent donc donner une ample satisfaction d'exactitude.

Degré de fréquence.

Par rapport à la mortalité générale, la proportion est de 0.87 p. %.

Annuellement, sur 10,000 habitants, il en meurt 2 à 3 par dyssenterie.

Influence de l'âge.

Après 70 ans	11	(6^m	5^f) :	0.58 p. %.
De 60 à 70 ans . .	11	(6^m	5^f) :	0.90 —
De 50 à 60	7	(5^m	2^f) :	0.62 —
De 40 à 50	5	(2^m	3^f) :	0.59 —
De 30 à 40	7	(6^m	1^f) :	0.75 —
De 20 à 30	17	(15^m	2^f) :	1 à 2 —
De 10 à 20	12	(6^m	6^f) :	1 à 2 —
De 5 à 10	7	(5^m	2^f) :	2 à 3 —
Au-dessous de 5 ans.	25	(14^m	11^f) :	0.68 —
Total	102	(65^m	37^f)	

Ainsi, le maximum de fréquence est entre cinq et dix ans. Le minimum est après soixante-dix ans.

Influence du sexe.

Le sexe masculin paraît le plus frappé : sa part est de 61 à 62 p. %.

Influence de la misère et de l'aisance.

Hôpitaux.	27 : 26 à 27 p. %.
Bureau de bienfaisance.	5 : 4 à 5 —

Misère secourue officiellement. . . 32 : 31 à 32 p. %.

Misère privée . . . . 19 : 18 à 19 —

Total pour la misère en général . . 51 : 49 à 50 —

Aisance . . . . 10 : 9 à 10 —

Sur 100 décès indigents, la part de la dyssenterie est de 0.91.

Sur 100 décès riches, elle est de 0.98.

Cette supériorité est bien faible.

Influence des mois et des saisons.

Janvier. . . . . 3 cas.

Février. . . . . 3 —

Mars. . . . . 4 —

Avril. . . . . 2 —

Mai. . . . . 2 —

Juin . . . . 2 —

Juillet . . . . 2 —

Août. . . . . 19 —

Septembre. . . . . 29 —

Octobre . . . . 24 —

Novembre . . . . 6 —

Décembre . . . . 6 —

Total. 102

Ordre de fréquence : Septembre, octobre, août, novembre, décembre (deux mois *ex œquo*), mars, janvier, février (deux mois *ex œquo*), avril, mai, juin, juillet (quatre mois *ex œquo*).

Hiver. . . . . 12 : 11 à 12 p. %.

Printemps . . . . 8 : 7 à 8 —

Été. . . . . 23 : 22 à 23 —

Automne. . . . . 59 : 57 à 58 —

Total. 102

L'automne, pendant les trois années que nous étudions, a été la saison la plus féconde en dyssenterie. Cette maladie sévit assez souvent sous forme d'épidémie.

Influence des professions.

46 bulletins la désignent.

Proportion pour 100 individus du même groupe.

Marins.	9 :	5 à 6 p. %.
Militaires, octroyens, etc..	8 :	6 à 7 —
Professions masculines matérielles.	8 :	1.46 —
Cordonniers	4 :	2.50 —
Professions à bâtisses	2 :	1.60 —
Professions féminines	2 :	0.53 —
Ouvriers ruraux	2 :	1.53 —
Professions féminines à gages . . .	2 :	0.76 —
Neuf autres professions	9	
Total.	46	

Les groupes des militaires et des marins donnent la plus forte proportion. Est-ce dû à leur vie un peu vagabonde?

PÉRITONITES NON PUERPÉRALES.

56.

Nous soupçonnons ce groupe assez incomplet.

Degré de fréquence.

Par rapport à la mortalité générale, 0.48 p. %.

Annuellement, sur 10,000 individus, il en meurt 1 à 2 par péritonite non puerpérale.

Influence de l'âge.

Après 70 ans.	1	(0m	1f) :	0.05 p. %.
De 60 à 70 ans	1	(0m	1f) :	0.08 —
De 50 à 60	4	(3m	1f) :	0.35 —
De 40 à 50	4	(1m	3f) :	0.47 —
De 30 à 40	7	(4m	3f) :	0.74 —
De 20 à 30	12	(4m	8f) :	1 à 2 —
De 10 à 20	18	(8m	10f) :	2 à 3 —
De 5 à 10	2	(1m	1f) :	0.61 —
Au-dessus de 5 ans. .	7	(3m	4f) :	0.19 —
Total	56	(24m	32f)	

Le maximum de fréquence se trouve entre dix et vingt ans ;

Le minimum, après soixante-dix ans.

La proportion au-dessous de cinq ans est bien faible. Mais il est encore utile d'ajouter que, sur 7 cas appartenant à cette période, 6 se trouvent au premier âge de la vie, et l'autre au deuxième mois.

Influence du sexe.

Le sexe féminin est un peu plus exposé ; sa proportion est de 57 p. %.

Influence de la misère et de l'aisance.

Hospices.	37 : 66 à 67 p. %.
Bureau de bienfaisance	2 : 3 à 4 —
Total pour la misère secourue administrativement.	39 : 69 à 70 —
Misère privée.	1 : 0.72 —
Total pour la misère en général . .	40 : 71 à 72 —
Aisance	5 : 8 à 9 —

Sur 100 décès pauvres, la part de la péritonite est de 0.76.
Sur 100 décès riches, elle est de 0.49.

Influence du célibat.

23 (9^m 14^f) : 41 à 42 p. %.

Et si on défalque ceux qui ne sont pas aptes au mariage par leur âge, cela donne l'énorme proportion de 74 à 75 p. %.

Influence des mois et des saisons.

Janvier.	4 cas.
Février.	3 —
Mars.	7 —
Avril.	5 —
Mai.	4 —
Juin	4 —
Juillet	4 —
Août.	2 —
Septembre.	6 —
Octobre	4 —
Novembre	9 —
Décembre	4 —
Total.	56 —

Ordre de fréquence mensuelle : Novembre, mars, septembre, avril, janvier, mai, juin, juillet, octobre, décembre (six mois *ex æquo*), février, août.

Hiver.	11 :	19 à 20 p. % .
Printemps	16 :	28 à 29 —
Été.	10 :	17 à 18 —
Automne.	19 :	33 à 34 —
Total.	56	

L'automne paraît plus fécond en péritonites que les autres saisons.

Influence des professions.

31 bulletins la désignent.

Proportion pour 100 individus du même groupe.

Professions féminines à gages	12 :	3.20 p. % .
Professions féminines	4 :	1.52 —
Professions masculines matérielles.	3 :	0.55 —
Ouvriers ruraux	2 :	1.53 —
Professions pour bâtisses.	2 :	1.60 —
Huit autres professions.	8	
Total.	31	

Le groupe des professions féminines à gages donne une proportion visiblement supérieure aux autres groupes.

FIÈVRE TYPHOÏDE.

335.

Ce groupe nous paraît assez exact, sans nier pourtant que quelquefois on a pu désigner sous ce nom des complications typhoïdes d'une maladie primitive.

Degré de fréquence.

Par rapport à la mortalité générale, la proportion est de 2 à 3 p. % .

· Annuellement, pour 10,000 habitants, il en meurt 7 par fièvre typhoïde.

Influence de l'âge.

· 4 bulletins ne désignent pas l'âge.

Proportion pour 100.

Après 70 ans. . . .	6	(3m	3f) :	0.32 p. % .	
De 60 à 70.	20	(12m	8f) :	1 à 2	— ·
De 50 à 60.	35	(21m	14f) :	3 à 4	—
De 40 à 50.	14	(11m	3f) :	1 à 2	—
De 30 à 40.	39	(18m	21f) :	4 à 5	—
De 20 à 30.	84	(47m	37f) :	7 à 8	—
De 10 à 20.	95	(52m	43f) :	12 à 13	—
De 5 à 10.	21	(7m	14f) :	6 à 7	—
Au-dessous de 5 ans	17	(4m	13f) :	0.49	—
Total.	331	(175m	156f)		

Le maximum de fréquence est de dix à trente ans, mais surtout de dix à vingt.

Le minimum est après soixante-dix ans.

Ainsi, la fièvre typhoïde est donc plus particulièrement la maladie de la jeunesse.

Influence du sexe.

Le sexe masculin est un peu plus atteint : 52 p. % .

Influence de la misère et de l'aisance.

Hospices.	109 : 32 à 33 p. % .
Bureau de bienfaisance	15 : 4 à 5 —
Total pour la misère secourue administrativement.	124 : 37 à 38 —
Misère privée.	28 : 8 à 9 —
Total pour la misère en général. .	152 : 45 à 46 —
Aisance.	22 : 5 à 6 —

Sur 100 décès pauvres, la part de la fièvre typhoïde est de 2 à 3.
Sur 100 décès riches, elle est encore de 2 à 3.
Ainsi, la part est égale.

Influence des mois et des saisons.

Janvier	34
Février	30
Mars	31
Avril	26
Mai	24
Juin	24
Juillet	15
Août	·32
Septembre	30
Octobre	34
Novembre	35
Décembre	20
Total	335

Ordre de fréquence : Novembre, janvier, octobre (deux mois *ex æquo*), août, mars, février, septembre (deux mois *ex æquo*), avril, mai, juin (deux mois *ex æquo*), décembre, juillet.

Hiver	84 : 25 à 26 p. %.
Printemps	81 : 25 à 26	—
Été	71 : ·21 à 22	—
Automne	99 : 29 à 30	—
Total	335

L'influence de l'automne domine surtout celle de l'été.

Influence des professions.

169 bulletins la désignent.

Proportion pour 100 individus du même groupe.

Professions masculines matérielles	29 : 5 à 6 p. %.
Professions féminines à gages	19 : 5 à 6	—
Professions féminines	18 : 6 à 7	—
Professions en contact avec le bois	13 : 10 à 11	—
Militaires, octroyens	12 : 10 à 11	—
Professions infimes	10 : 16 à 17	—
Cordonniers	8 : 5	—
A reporter	109

Report. 109

Professions en contact avec les mé-		
taux, etc.	5 :	2.74 p. %.
Professions à bâtisses	7 :	5 à 6 —
Marins.	5 :	3.22 —
Selliers, tailleurs	4 :	4.93 —
Boulangers, pâtissiers	4 :	7 à 8 —
Commis	3 :	5 —
Charretiers, cochers, etc.	3 :	3.15 —
Employés	3 :	3.61 —
État religieux	3 :	5 —
Étudiants	3	
Tonneliers	3 :	2.72 —
Capitaines	2 :	3.33 —
Négociants.	2 :	2.66 —
Propriétaires.	2 :	1.26 —
Onze autres professions	11	
Total	169	

Nous n'avions pas assez d'éléments pour la profession d'étudiants.

Ce sont les professions infimes qui donnent la plus forte proportion ; après viennent les militaires et les professions en contact avec le bois.

Durée de la fièvre typhoïde.

163 bulletins désignent la durée de la fièvre typhoïde ; il n'est pas sans intérêt de les analyser, pour mieux apprécier cette affection :

Dans les 6 premiers jours	21 : 12 à 13 p. %.
Entre 6 et 10 jours	29 : 17 à 18 —
— 10 et 20	67 : 41 à 42 —
— 20 et 31	32 : 19 à 20 —
— 1 et 2 mois	14 : 8 à 9 —
Total.	163

La moyenne de la durée serait de 16 à 17 jours.

ÉRYSIPÈLES. PHLEGMONS. GANGRÈNES.

175.

L'érysipèle, quoique atteignant simplement l'épaisseur du derme, peut devenir une cause de mort, surtout pour les enfants en bas âge et pour les vieillards. Cette inflammation de la peau peut attaquer le tissu cellulaire, sur lequel glisse le tégument extérieur, et constitue alors un érysipèle phlegmoneux. D'autres fois, c'est le phlegmon lui-même qui débute, et qui, gagnant la peau, devient un phlegmon érysipélateux. Enfin, ces deux affections inflammatoires peuvent en produire une troisième, qui est la gangrène, ou mortification des tissus. La gangrène elle-même peut naître spontanément, et s'accompagner, à son tour, d'érysipèle ou de phlegmon.

Dans la collection des bulletins de décès, il est assez difficile d'avoir des renseignements exacts sur ces phases morbides, qui peuvent faire facilement transformer une affection en une autre. Beaucoup de maladies se terminent par érysipèle phlegmoneux ou par gangrène, et, alors, c'est la complication qu'on signale, au lieu de la maladie primitive. Nous ne pouvons donc pas assurer que nos 175 bulletins désignent tous une maladie primitive. Nous n'adopterons qu'une double division :

1° Érysipèles et Phlegmons.

103.

Distribution d'après les bulletins.

A la face, et le plus souvent au cuir chevelu	28 :	27 à 28 p. %.
Aux membres	10 :	9 à 10 —
Érysipèles ambulants.	5 :	4 à 5 —
Au tronc.	4 :	3 à 4 —
Au cou, au scrotum, au sacrum. .	5	
Érysipèles ou phlegmons sans localisation	51	
Total.	103	

2° Gangrènes.

72.

Gangrènes séniles	29 :	40 à 41 p. °/₀ .
Eschares gangréneuses.	9 :	12 à 13 —
Stomatites.	5 :	6 à 7 —
Angines	4 :	5 à 6 —
Gangrènes de l'ombilic.	4 :	5 à 6 —
— de la jambe.	3	
— du scrotum.	2	
Ulcères gangréneux	2	
Gangrènes générales.	2	
Gangrène à un pied, à la face, au cou, aux poumons, après un vé-sicatoire, après une amputation.	6	
Gangrènes sans localisation	6	
Total.	72	

Degré de fréquence.

Par rapport à la mortalité générale :

Pour l'érysipèle et le phlegmon	0.88 p. °/₀ .
— la gangrène	0.61 —
— la réunion des deux groupes.	1 à 2 —

Annuellement, pour 10,000 individus, il en meurt par érysipèle ou phlegmon, 1 à 2 ; par gangrène, 2 à 3 ; pour la réunion des deux groupes, 3 à 4.

Influence de l'âge.

Proportion pour 100.

1° POUR L'ÉRYSIPÈLE ET LE PHLEGMON.

Après 70 ans. . . .	12	(7ᵐ	5ᶠ) :	0.64 p. °/₀.
De 60 à 70	14	(8ᵐ	6ᶠ) :	1 à 2 —
De 50 à 60	13	(8ᵐ	5ᶠ) :	1 à 2 —
De 40 à 50	12	(8ᵐ	4ᶠ) :	1 à 2 —
De 30 à 40	9	(5ᵐ	4ᶠ) :	0.96 —
De 20 à 30	14	(9ᵐ	5ᶠ) :	1 à 2 —
De 10 à 20	9	(5ᵐ	4ᶠ) :	1 à 2 —
De 5 à 10	1	(0ᵐ	1ᶠ) :	0.32 —
Au-dessous de 5 ans .	19	(12ᵐ	7ᶠ) :	0.52 —
Total.	103	(62ᵐ	41ᶠ)	

Le maximum de fréquence est le même dans cinq périodes de dix à trente ans, puis de quarante à soixante-dix.

Le minimum est entre cinq et dix ans.

Influence du sexe.

Le sexe masculin domine assez visiblement : 60 à 61 p. %.

2° POUR LA GANGRÈNE.

Après 70 ans.	22 (	13^m	9^f) :	1 à 2 p. %.
De 60 à 70 ans. . . .	15 (	9^m	6^f) :	1 à 2 —
De 50 à 60.	8 (	3^m	5^f) :	0.71 —
De 40 à 50.	2 (	2^m	0^f) :	0.23 —
De 30 à 40.	5 (	5^m	0^f) :	0.54 —
De 20 à 30.	3 (	1^m	2^f) :	0.28 —
De 10 à 20.	3 (	1^m	2^f) :	0.40 —
De 5 à 10.	2 (	1^m	1^f) :	0.66 —
Au-dessous de 5 ans.	12 (	9^m	3^f) :	0.33 —
Total.	72 (	44^m	28^f)	

Le maximum est après soixante ans ;

Le minimum, entre quarante et cinquante.

La raison du maximum est toute physiologique : dans la vieillesse, l'usure des organes et des tissus, l'oblitération plus ou moins prononcée des vaisseaux sanguins, souvent par des incrustations calcaires, l'affaiblissement de l'énergie vitale, exposent grandement à la mortification des tissus.

Influence du sexe.

Le sexe masculin domine encore : 61 à 62 p. %.

Influence de la misère et de l'aisance pour les deux groupes.

Hospices.	108 : 61 à 62 p. %.
Bureau de bienfaisance	9 : 5 à 6 —
Total pour l'indigence secourue administrativement	117 : 66 à 67 —
Misère privée	9 : 5 à 6 —
Total pour la misère en général . .	126 : 71 à 72 —
Aisance	14 : 8 —

Pour 100 pauvres décédés, il en meurt 2 à 3 par l'une ou l'autre de ces maladies.

Sur 100 riches, il en meurt 1 à 2 par la même cause.

Ainsi, l'influence de la misère est double.

Influence des mois et des saisons.

	Sur l'érysipèle et le phlegmon.	Sur la gangrène.
Janvier	13	6
Février	9	8
Mars	18	6
Avril	6	6
Mai	9	8
Juin	6	6
Juillet	7	6
Août	7	5
Septembre	3	5
Octobre	4	6
Novembre	11	8
Décembre	10	2
Total	103	72

Pour l'érysipèle et le phlegmon, l'ordre de fréquence mensuelle est : Mars, janvier, novembre, décembre, mai, février (deux mois *ex æquo*), juillet, août (deux mois *ex æquo*), avril, juin (deux mois *ex æquo*), octobre, septembre.

Pour la gangrène, l'ordre de fréquence mensuelle est : Février, mai, novembre (trois mois *ex æquo*), janvier, mars, avril, juin, juillet, octobre (six mois *ex æquo*), août, septembre (deux mois *ex æquo*), décembre.

	Pour l'érysipèle et le phlegmon.	Pour la gangrène.
Hiver	32 : 31 à 32 p. %.	16 : 22 à 23 p. %.
Printemps	33 : 32 à 33 —	20 : 27 à 28 —
Été	20 : 19 à 20 —	17 : 23 à 24 —
Automne	18 : 17 à 18 —	19 : 26 à 27 —
Total	103	72

L'influence des saisons sur l'érysipèle varie sous forme de véritable épidémie. Il y a des moments, surtout dans les hôpitaux, où les plaies, soit accidentelles, soit chirurgicales, sont envahies par des érysipèles de mauvaise nature. Il s'y joint même un élément contagieux auquel succombent quelquefois les médecins et les élèves qui fréquentent les salles.

Pour les deux groupes, c'est le printemps qui a dominé dans Bordeaux.

Influence des professions pour les deux groupes.

87 professions sont désignées.

Proportion pour 100 individus du même groupe.

Professions masculines matérielles.	20 :	3.66 p. %.
Ouvriers ruraux	10 :	7 à 8 —
Professions féminines à gages . . .	8 :	2.13 —
Professions féminines	6 :	2.66 —
Marins.	5 :	3.22 —
Professions en contact avec les métaux, etc.	5 :	2.74 —
Employés	4 :	4.81 —
Charretiers.	4 :	4.21 —
Professions infimes.	3 :	5 —
Carrières libérales.	3 :	5 à 6 —
Cordonniers	3 :	1.87 —
Professions en contact avec le bois.	3 :	2.50 —
Tonneliers	2 :	1.81 —
Douaniers, militaires.	2 :	1.73 —
Propriétaires.	2 :	1.75 —
Sept autres professions	7	
Total	87	

Ce sont les ouvriers ruraux qui donnent la plus forte proportion ; puis, après, les carrières libérales.

MALADIES PALUDÉENNES.

66.

Malgré de grands progrès d'assainissement, notre ville est encore entourée d'une ceinture marécageuse dont les effluves rayonnent vers elle.

Depuis plusieurs siècles, l'hygiène implore auprès de l'administration une cessation complète de l'endémie. On marche, il est vrai, vers le mieux, mais c'est avec une lenteur dont souffrent toutes les générations. Reconnaissons, néanmoins, que le quartier de l'ouest, vers la Chartreuse, voit peu à peu disparaître les eaux stagnantes. De nouvelles et vastes voies s'ouvrent à travers ces terrains autrefois marécageux. Le sol se nivelle, et, dans peu de temps, les ruisseaux infects qui le traversent seront renfermés dans des voûtes, au lieu de servir au lavage public. Un monument se construit dans ce but hygiénique. Les efforts du Conseil de salubrité nous ont valu cette amélioration.

Nous sommes loin de cette époque où l'intensité de l'endémie paludéenne forçait le Parlement d'abandonner la capitale de la Guienne pour siéger à Libourne, au milieu d'une sécurité parfaite pour sa santé.

Si les maladies paludéennes sont encore nombreuses à Bordeaux, rarement, néanmoins, elles sont assez intenses pour être mortelles. 66 décès dus à cette cause se distribuent comme il suit, au point de vue des quartiers :

> 15 dans les hospices.
> 21 dans le nord.
> 13 dans le centre.
> 17 pour le sud.

Total. . . 66

ESPÈCES PALUDÉENNES.

Fièvres pernicieuses	44
Fièvres intermittentes	12
Fièvres larvées	5
Cachexies paludéennes.	5
Total.	66

Nota. Nous n'ignorons pas que, quelquefois, un accès de fièvre pernicieuse peut être dû à une autre cause que l'intoxication paludéenne, comme le cathétérisme de l'urèthre ; mais nos bulletins se taisent sur ces détails.

Degré de fréquence.

Par rapport à la mortalité générale, la proportion est 0.56 p. $^o/_o$.

Annuellement, pour 10,000 habitants, il en meurt 1 à 2 par maladie paludéenne.

Influence de l'âge.

Après 70 ans.	14 (	9ᵐ	5ᶠ) :	0.80 p. ⁰/₀.
De 60 à 70 ans. . . .	7 (	6ᵐ	1ᶠ) :	0.57 —
De 50 à 60.	10 (	7ᵐ	3ᶠ) :	0.88 —
De 40 à 50.	11 (	7ᵐ	4ᶠ) :	1 à 2 —
De 30 à 40.	7 (	3ᵐ	4ᶠ) :	0.74 —
De 20 à 30.	5 (	4ᵐ	1ᶠ) :	0.47 —
De 10 à 20.	3 (	1ᵐ	2ᶠ) :	0.40 —
De 5 à 10.	3 (	2ᵐ	1ᶠ) :	0.96 —
Au-dessous de 5 ans.	6 (	6ᵐ	0ᶠ) :	0.16 —
Total.	66 (	45ᵐ	21ᶠ)	

Le maximum est entre quarante et cinquante ans.
Le minimum est au-dessous de cinq ans.

Influence du sexe.

Le sexe masculin domine : 68 à 69 p. ⁰/₀.

Influence de la misère et de l'aisance.

Hospices.	15 : 22 à 23 p. ⁰/₀.
Bureau de bienfaisance	5 : 7 à 8 —
Total pour la misère secourue offi-
ciellement.	20 : 30 à 31 —
Misère privée.	7 : 10 à 11 —
Total pour la misère en général . .	27 : 40 à 41 —
Aisance	16 : 24 à 25 —

Pour 100 décès pauvres, la part des affections paludéennes est de 0.51.

Sur 100 décès riches, elle est de 1 à 2.

La classe aisée paraît plus frappée.

Influence des mois et des saisons.

	Maladies paludéennes en général	Fièvres pernicieuses en particulier.
Janvier	5	3
Février	8	6
Mars	8	7
Avril	7	5
Mai.	2	0
Report.	30	21

A reporter.	30	21
Juin.	6	3
Juillet.	10	6
Août	6	4
Septembre	3	2
Octobre.	2	2
Novembre.	5	4
Décembre.	4	2
Total.	66	44

Ordre de fréquence pour les maladies paludéennes en général :
Juillet, février, mars (deux mois *ex æquo*), avril, juin, août
(deux mois *ex æquo*), janvier, novembre (deux mois *ex æquo*).
décembre, septembre, octobre, mai (deux mois *ex æquo*).

Ordre de fréquence pour les fièvres pernicieuses ou particulières : Mars, février, juillet (deux mois *ex æquo*), avril, août,
novembre (deux mois *ex æquo*), janvier, juin (deux mois *ex
æquo*), septembre, octobre, décembre (trois mois *ex æquo*),
mai.

	Maladies paludéennes en général.	Maladies pernicieuses en particulier.
Hiver	17 : 25 à 26 p. %.	11 : 25 p. %.
Printemps.	17 : 25 à 26 —	12 : 27 à 28 —
Été.	22 : 33 à 34 —	13 : 29 à 30 —
Automne.	10 : 15 à 16 —	8 : 17 à 18 —
Total.	66	44

C'est l'été qui domine pour les deux groupes morbides.
C'est l'automne qui est privilégié.

Influence des professions.

34 bulletins la désignent.

Professions masculines purement matérielles	5 :	0.91 p. %.
Tonneliers.	4 :	3.54 —
Professions féminines à gages	4 :	1.06 —
Négociants.	3 :	4
Militaires	2 :	1.73 —
Cordonniers	2 :	1.28 —
Quatorze autres professions	14	
Total.	34	

Les négociants paraissent les plus frappés, ainsi que les tonneliers. Est-ce parce qu'ils habiteraient plus spécialement le quartier des Chartrons?

MALADIES DUES A L'ÉTAT PUERPÉRAL.

123.

Ce groupe de causes mortuaires nous a fourni 123 bulletins. D'après eux, il est composé de la manière suivante :

Métro-péritonites ou fièvres puerpérales 76
Éclampsies puerpérales. 7
Hémorrhagies 5
Accidents cérébraux 2
Résorptions purulentes. 2
Scorbut. 1
Bassins viciés. 2
Suites de couches, sans désignation spéciale. . . . 28

Total. 123

Degré de fréquence.

Par rapport à la mortalité générale, la proportion est de 1 à 2 p. %.

Annuellement, à Bordeaux, pour 10,000 habitants, il y a 2 à 3 décès par cause puerpérale.

En supposant une égalité de nombre pour les deux sexes, sur 10,000 femmes, il en meurt annuellement 5 à 6 par cette cause mortuaire.

Sur 100 femmes qui sont soumises aux conditions de la grossesse, la part de cette cause est de 0.97.

Influence de l'âge.

De 40 à 50 ans 3
De 30 à 40 35
De 20 à 30 77
Au-dessous de 20 ans. 8

Total. 123

Il ne nous est pas possible de comparer ces nombres à ceux des femmes accouchées dans chaque série d'âge; mais nous pouvons les comparer aux nombres de femmes décédées à chaque série, n'importe pour quelle espèce de maladie, et, alors, on a les proportions suivantes :

0.81 p. %.
7 à 8 —
4 à 5 —
2 à 3 —

Sur la totalité des femmes décédées entre vingt et cinquante ans, la part de la cause puerpérale est de 8 à 9 p. %.

Influence du célibat.

Célibat et accouchement sont deux mots que notre statistique a trouvés réunis pendant quarante-une fois, ce qui fait 33 à 34 p. %.

Au moyen des documents que nous avons pu consulter, nous avons trouvé que, pendant une période de trois ans, sur 100 femmes mariées qui ont été enceintes, la part des accidents mortels causés par leur état puerpéral est de 0.95. Sur 100 femmes non mariées enceintes, la part des mêmes accidents est de 1.13.

Cette supériorité est assez prononcée pour un si petit nombre.

Influence de la misère et de l'aisance.

Hospices. . . . . 31 : 25 à 26 p. %.
Bureau de bienfaisance . . . . . .   7 : 5 à 6 —
Total pour la misère secourue ad-
    ministrativement . . . . 38 : 30 à 31 —
Misère privée. . . . . 12 : 9 à 10 —
Total pour la misère en général . . 50 : 46 à 47 —
Aisance. . . . . 16 : 13 à 14 —

Sur 100 décès indigents, la part des affections mortelles puerpérales est de 0.96.

Sur 100 décès riches, elle est de 1 à 2.

Les femmes riches sont donc plus exposées que les femmes pauvres.

Influence des mois et des saisons.

Janvier	14
Février	10
Mars	8
Avril	6
Mai	10
Juin	7
Juillet	8
Août	5
Septembre	13
Octobre	12
Novembre	16
Décembre	14
Total	123

Ordre de fréquence : Novembre, janvier, décembre (deux mois *ex æquo*), septembre, octobre, février, mai (deux mois *ex æquo*), mars, juillet (deux mois *ex æquo*), juin, avril, août.

Hiver	38 :	22 à 23 p. %.
Printemps	24 :	19 à 20 —
Été	20 :	16 à 17 —
Automne	41 :	33 à 34 —
Total	123	

Ainsi, l'automne serait doublement meurtrier pour les femmes en couches, relativement à l'été.

On n'aurait pas une idée exacte de cette influence étiologique, si l'on s'en rapportait uniquement à ces nombres. Il est visiblement nécessaire d'apprécier le rapport qu'il y a entre le nombre des accouchements survenus dans chacune de ces saisons, et le nombre des décès puerpéraux qui leur correspondent. En faisant la somme des naissances inscrites sur les registres de l'état civil de la ville de Bordeaux, en y ajoutant les morts-nés et les enfants naissants dont la mort dans les deux premiers jours de la vie extra-utérine n'a pas permis l'inscription, en ayant égard aux naissances multiples, on se trouve en présence de tous les accouchements qui ont eu lieu durant les trois ans que nous étudions : 12,569.

	Accouchements.	Mortalité puerpérale.
Hiver.	3,025	1.25 p. %.
Printemps	3,031	1.79 —
Été.	3,169	0.63 —
Automne.	3,344	1.22 —
Total.	12,569	

Ce n'est plus l'automne qui est doublement meurtrier, mais l'hiver.

Influence des professions.

35 bulletins la désignent.

Proportion pour 100 individus du même groupe.

Professions féminines à gages	23 : 6 à 7 p. %.
Professions féminines	12 : 4.56 —
Total.	35

———

INFECTION PUTRIDE, RÉSORPTION PURULENTE, ABCÈS.

68.

39 bulletins contiennent ces expressions d'*infection putride*, et ils se décomposent ainsi, quant à la désignation de la cause . 4 à la suite d'abcès, 7 à la suite d'amputation, 28 sans autre désignation que l'accident mortel. Comme, sur ces 28 cas, il y en a 26 qui sortent des hôpitaux civils, il est tout à fait probable qu'ils sont dus à des suites d'opérations, pour le plus grand nombre.

29 bulletins signalent des abcès (nous avons eu soin de mettre à part ceux dont nous soupçonnions l'origine scrofuleuse). Il est probable que le plus grand nombre de ces abcès ont produit la mort par la résorption purulente.

Nous envelopperons ces deux catégories de causes mortuaires dans les mêmes considérations générales.

Degré de fréquence.

Par rapport à la mortalité générale, 0.57 p. %.

Sur 10,000 habitants, il en meurt annuellement 1 à 2 par l'une ou l'autre de ces deux causes.

Influence de l'âge.

Proportion pour 100.

Après 70 ans	8 (	4m	4f) :	0.42 p. %.
De 60 à 70 ans	9 (	7m	2f) :	0.73 —
De 50 à 60	14 (10m		4f) :	1 à 2 —
De 40 à 50	6 (	4m	2f) :	0.70 —
De 30 à 40	12 (10m		2f) :	1 à 2 —
De 20 à 30	7 (	5m .	2f) :	0.66 —
De 10 à 20	6 (	6m	0f) :	0.81 —
De 5 à 10	2 (	1m	1f) :	0.64 —
Au-dessus de 5 ans . .	4 (	3m	1f) :	0.11 —
Total.	68 (50m		18f)	

Le maximum est dans les deux périodes de trente à quarante ans et de cinquante à soixante.

Le minimum est au-dessous de cinq ans.

Influence du sexe.

La part du sexe masculin est de 73 à 74 p. %.

Influence de la misère et de l'aisance.

Hospices.	48 : 70 à 71 p. %.
Bureaux de bienfaisance.	2 : 2 à 3 —
Total pour la misère secourue administrativement	50 : 73 à 74 —
Misère privée	3 : 4 à 5 —
Total pour la misère en général . .	53 : 77 à 78 —
Aisance	4 : 5 à 6 —

Sur 100 décès indigents, la part de cette cause est de 1 à 2.

Sur 100 décès riches, elle n'est que de 0.30.

La part de la misère est assez supérieure à celle de l'aisance. Il faut surtout considérer la part des hospices. La raison en est dans la nature spéciale de l'accident. Pour peu qu'une maladie ait un caractère chirurgical, et pour peu que le malade soit dans une position misérable, il se fait tout de suite porter dans un hospice.

Influence des mois et des saisons.

Janvier. . . . . 14 cas.
Février. . . . . 4 —
Mars. . . . . 7 —
Avril. . . . . 1 —
Mai . . . . 2 —
Juin . . . . 7 —
Juillet . . . . 3 —
Août. . . . . 10 —
Septembre. . . . . 2 —
Octobre . . . . 6 —
Novembre . . . . 7 —
Décembre . . . . 5 —
    Total 68

Ordre de fréquence : Janvier, août, mars, juin, novembre (trois mois *ex æquo*), octobre, décembre, février, juillet, mai, septembre (deux mois *ex æquo*), avril.

Hiver. . . . . 23 : 33 à 34 p. %.
Printemps . . . . 10 : 14 à 15 —
Été. . . . . 20 : 29 à 30 —
Automne. . . . . 15 : 22 à 23 —
    Total. 68

L'hiver l'emporte de beaucoup sur les autres saisons, et surtout sur le printemps.

Influence des professions.

39 bulletins la désignent.

Proportion pour 100 individus du même groupe.

Professions masculines matérielles . . 15 : 2.75 p. %.
Professions en contact avec le bois . . 4 : 3.33 —
Marins . . . . 3 : 1.93 —
Professions à bâtisses. . . . . 3 : 2.40 —
Professions en contact avec les métaux, etc. . . . . 3 : 1.64 —
Charretiers . . . . 2 : 2.10 —
Neuf autres professions. 9
    Total. 39

Le groupe professionnel qui fournit la plus forte proportion est celui qui met en contact avec le bois, puis viennent les groupes des ouvriers à bâtisses et des charretiers.

176.

L'exactitude scientifique de ce groupe pourrait être contestée. En effet, cette catégorie de causes mortuaires ne devrait contenir aucune de ces lésions organiques qui, le plus souvent, produisent les hydropisies, comme une maladie d'un viscère, foie, rate, rein, ovaires, un obstacle mécanique à la circulation veineuse, etc.

Parmi les 176 bulletins qui mentionnent l'hydropisie, quelques-uns pourraient bien n'avoir désigné que le symptôme. Voici la distribution de ces cas, suivant les désignations que les bulletins leur donnent :

Ascites 81
Hydropisies (sans autre désignation) . . . 60
Anasarques. 29
Hydropisies enkystées. 3
Œdèmes des jambes 3

Total. 176

Degré de fréquence.

Par rapport à la mortalité générale, 1 à 2 p. %.

Annuellement, sur 10,000 habitants, il en meurt 3 à 4 par hydropisie.

Influence de l'âge.

Après 70 ans. . . . . . 41 (15^m 26^f) : 2 à 3 p. %.
De 60 à 70 ans. . . . . 38 (15^m 23^f) : 3 à 4 —
De 50 à 60 . . . . 40 (17^m 23^f) : 3 à 4 —
De 40 à 50 . . . . 22 (10^m 12^f) : 2 à 3 —
De 30 à 40 . . . . 11 (2^m 9^f) : 1 à 2 —
De 20 à 30 . . . . 11 (5^m 6^f) : 1 à 2 —
De 10 à 20 . . . . 9 (4^m 5^f) : 1 à 2 —
De 5 à 10 . . . . 2 (1^m 1^f) : 0.64 —
Au-dessous de 5 ans . . 2 (2^m 0^f) : 0.07 —

Total. . . . . . 176 (71^m 105^f)

Le maximum de fréquence pour la terminaison mortelle des hydropisies est donc entre cinquante et soixante-dix ans.

Vers l'enfance, l'hydropisie disparaît presque entièrement.

Influence du sexe.

Le sexe féminin paraît plus prédisposé. Sa part est de 59 à 60 p. %. Peut-être que cette supériorité est due à l'intervention d'une cause anatomique située dans l'ovaire.

Influence de la misère et de l'aisance.

Hospices.	37 : 21 à 22 p. %.
Bureau de bienfaisance	15 : 8 à 9 —
Total pour la misère secourue officiellement.	52 : 29 à 30 —
Misère privée.	21 : 11 à 12 —
Total pour la misère en général . .	73 : 41 à 42 —
Aisance	17 : 9 à 10 —

Sur 100 décès pauvres, la part des hydropisies est de 1 à 2.

Sur 100 décès riches, elle est encore de 1 à 2.

Influence des mois et des saisons sur la terminaison.

Cette influence, comme celle qui s'exerce sur toutes les maladies chroniques, ne peut pas être saisie dans son action sur l'origine de la maladie, mais seulement sur sa terminaison fatale.

Janvier.	12
Février	13
Mars.	19
Avril.	10
Mai	13
Juin	11
Juillet	12
Août.	18
Septembre	16
Octobre	18
Novembre	17
Décembre	17
Total.	176

Ordre de fréquence mensuelle : Mars, octobre, août (deux mois *ex æquo*), novembre, décembre (deux mois *ex æquo*), septembre, février, mai (deux mois *ex æquo*), janvier, juillet (deux mois *ex æquo*), juin, avril.

Hiver. . . . . 42 : 23 à 24 p. %.
Printemps . . . . 42 : 23 à 24 —
Été. . . . . 41 : 23 à 24 —
Automne. . . . . 51 : 28 à 29 —

Total. 176

C'est l'automne qui paraît dominer.

Les autres saisons ont une influence identique.

Durée des hydropisies.

La durée approximative des maladies chroniques, au point de vue de leur terminaison fatale, est importante à connaître. Il n'est pas indifférent, sous bien des rapports, de pouvoir fixer approximativement ce que doit vivre un hydropique. C'est ce qui nous engage à donner la durée des cas où ce détail est indiqué. Pour les 29 cas dont la durée est désignée, voici leur distribution :

HYDROPISIES EN GÉNÉRAL.		ASCITES.		ANASARQUES.	
Nombre.	Durée.	Nombre.	Durée.	Nombre.	Durée.
3 . . . 1 mois.		1 . . . 1 mois.		2 . . . 2 mois.	
2 . . . 2 —		1 . . . 2 —		2 . . . 4 —	
3 . . . 3 —		1 . . . 3 —		1 . . . 6 —	
2 . . . 4 —		1 . . . 4 —		1 . . . 3 ans.	
1 . . . 5 —		1 . . . 5 —			
2 . . . 6 —		1 . . . 6 —			
1 . . . 7 —		1 . . . 8 —			
3 . . . 8 —		1 . . . 1 an.			
1 . . . 9 —		2 . . . 3 ans.			
1 . . . 10 —		2 . . . 4 —			
1 . . . 11 —					
1 . . . 1 an.					
2 . . . 2 ans.					
3 . . . 3 —					
1 . . . 7 —					
1 . . . 12 —					
1 . . . 13 —					

La durée moyenne serait : pour l'hydropisie, 1 an 7 mois ; pour l'ascite, 1 an 3 mois ; pour l'anasarque, 8 mois ; et, en général, pour un épanchement séreux quelconque, 15 mois environ.

Influence des professions.

90 bulletins la désignent.

Proportion pour 100 individus du même groupe.

Professions féminines à gages . . .	18 :	4.80 p. %.
Professions masculines matérielles	11 :	2.11 —
Petits marchands	7 :	9 à 10 —
Professions féminines	6 :	2.28 —
Professions à bâtisses	4 :	3.12 —
Cordonniers	4 :	2.50 —
Boulangers, etc	3 :	5.45 —
Militaires, douaniers.	5 :	4.34 —
Tonneliers.	3 :	2.72 —
Professions en contact avec les métaux, etc.	3 :	1.64 —
Tailleurs d'habits	3 :	3.70 —
Rentiers, propriétaires.	3 :	1.87 —
Religieuses	2 :	3.33 —
Charretiers.	2 :	2.10 —
Marins.	2 :	1.29 —
Quatorze autres professions	14	
Total.	90	

La proportion la plus forte appartient au groupe des petits marchands, puis à celui des boulangers, des militaires et douaniers.

ROUGEOLE.

171.

171 bulletins mentionnent la rougeole comme ayant tué par elle-même ou par une complication consécutive, par exemple une bronchite, une pneumonie, une méningite, une angine, etc., etc.

Degré de fréquence.

Par rapport à la mortalité générale, la proportion est de 1 à 2 p. %.

Annuellement, la rougeole, sur 10,000 habitants, en tue 3 à 4.

Influence de l'âge.

Dans la 1re année . . 41 (23m 18f) : 2 à 3 p. %.
De 1 à 2 ans . . . 52 (28m 24f) : 3 à 4 —
De 2 à 5 . . . . . . 58 (31m 27f) : 9 à 10 —
De 5 à 10 . . . . . . 14 (7m 7f) : 4 à 5 —
Aprìs 10 ans 6 (2m 4f)

Total 171 (91m 80f)

L'influence de l'âge est évidente. Le maximum de mortalité est entre deux et cinq ans, puis vient la période entre un et deux ans.

Après dix ans, la mortalité par rougeole est excessivement rare.

En général, au-dessous de cinq ans, la mortalité est de 3 à 4 p. %.

Influence du sexe.

Elle est presque nulle.

Si l'on voulait en voir une, ce serait le sexe masculin qui serait plus prédisposé : 53 à 54 p. %.

Influence de la misère et de l'aisance.

Hospices . . . . 6 : 3 à 4 p. %.
Bureau de bienfaisance . . . . . . 30 : 17 à 18 —
Total pour la misère secourue offi-
   ciellement . . . . 36 : 21 —
Misère privée . . . . 50 : 29 à 30 —
Total pour la misère en général . . 86 : 50 à 51 —
Aisance . . . . 5 : 2 à 3 —

Sur 100 décès indigents, la part de la rougeole est de 1 à 2.
Sur 100 décès riches, elle est de 0.49.
Cette infériorité est notable.
La rougeole, par elle-même, est rarement mortelle; mais des

soins mal entendus suscitent des complications dangereuses. Aussi la misère est-elle un élément funeste pour cette maladie.

Influence des mois et des saisons.

Janvier	4
Février	9
Mars.	13
Avril.	8
Mai	21
Juin.	40
Juillet.	29
Août	22
Septembre.	12
Octobre	5
Novembre.	5
Décembre	3
Total.	171

Ordre de fréquence : Juin, juillet, août, mai, mars, septembre, février, avril, octobre, novembre (deux mois *ex æquo*), janvier, décembre.

Hiver.	16 :	9 à 10 p. %.
Printemps	42 :	24 à 25 —
Été.	91 :	53 à 54 —
Automne.	22 :	12 à 13 —
Total. . . . . . . : .	171	

L'été a fait plus de la moitié des victimes. L'hiver a été excessivement peu frappé. La prédominance de la chaleur comme cause de mortalité dans la rougeole est donc incontestable. Néanmoins, il ne faudrait pas, en principe, admettre que cette prédominance est toujours aussi élevée. La rougeole sévit sous forme épidémique. Or, l'été de 1860 a été remarquable par une épidémie rubéolique qui a tué jusqu'à 40 enfants dans le mois de mai. Le résultat d'une seule épidémie ne donne droit à aucune conclusion, en statistique médicale, pour apprécier l'influence des saisons.

INANITION CHEZ LES JEUNES ENFANTS.

175.

Un grand nombre d'enfants meurent dans les premiers mois de la vie, sans autre cause qu'un dépérissement lent. Le plus souvent, c'est la conséquence d'une mauvaise hygiène, comme une alimentation défectueuse, soit par la quantité, soit par la qualité. Nous devons citer l'alimentation au biberon, surtout chez les pauvres; un sein malade ou peu abondant en lait, un obstacle à l'allaitement provenant ou de la mère ou de l'enfant, un sevrage prématuré, une nourrice enceinte. Ce sont là les causes les plus fréquentes d'un marasme progressif, qui conduit les enfants à la mort sans qu'il y ait un organe plus particulièrement malade, excepté néanmoins, quelquefois, le tube gastro-intestinal, qui finit par se léser, comme le prouvent la diarrhée et le vomissement.

Degré de fréquence.

Il en est mort ainsi, pendant les trois dernières années, 175 qui n'avaient pas dépassé la première année.

Après cet âge, nos bulletins en signalent encore 21 ; mais il est très-possible que ce dernier groupe mortuaire n'ait pas une étiologie aussi exacte que l'autre ; nous n'en tiendrons pas compte.

Par rapport à la mortalité générale, la part de l'inanition est de 1 à 2 p. %.

Annuellement, sur 10,000 habitants, elle en fait mourir 3 à 4.

Influence de l'âge.

Proportion pour 100.

Dans le 1er mois. . 73 (44m 29f) : 8 à 9 p. %.
De 1 à 2 mois. . 35 (23m 12f) : 22 à 23 —
De 2 à 3 . . . . 9 (5m 4f) : 7 à 8 —
De 3 à 4 . . . . 6 (3m 3f) : 5 à 6 —
De 4 à 5 . . . . 11 (8m 3f) : 11 à 12 —
De 5 à 6 . . . . 10 (7m 3f) : 10 à 11 —
De 6 à 7 . . . . 6 (3m 3f) : 6 à 7 —

A reporter. . . 150 (93m 57f)

Report. . . .	150	(	93^m	57^f	)				
De 7 à 8 mois. .	6	(	2^m	4^f	) :	7 à 8 p. % .			
De 8 à 9	3	(	1^m	2^f	) ;	3 à 4 —			
De 9 à 10	7	(	2^m	5^f	) :	6 à 7 —			
De 10 à 11	7	(	2^m	5^f	) :	8 à 9 —			
De 11 à 12	2	(	2^m	0^f	) :	2 à 3 —			
Total.	175	(	102^m	73^f	) :	8 à 9 —			

Le maximum de fréquence est entre un et dix mois, puis viennent les périodes de quatre à cinq mois, de cinq à six mois, etc.

Le minimum est entre onze et douze mois; et cela s'explique par le degré de développement, qui résiste davantage aux causes de l'inanition.

Influence du sexe.

Le sexe masculin paraît plus frappé : 58 p. % .

Influence de la misère et de l'aisance.

Hospices. . . . . 5 : 2 à 3 p. % .
Bureau de bienfaisance. . . . . . . 9 : 5 à 6 —
Total pour la misère secourue administrativement . . . . 14 : 8 à 9 —
Misère privée. . . . . 78 : 44 à 45 —
Total pour la misère en général . . 92 : 52 à 53 —
Aisance . . . . 2 : 1 à 2 —

Sur 100 décès indigents, la part de l'inanition est de 1 à 2.
Sur 100 décès riches, elle est de 0.19.

Nous avions donc raison de considérer l'inanition comme produite par une mauvaise hygiène, qui est une plaie attachée à la misère.

Influence des mois et des saisons.

Janvier . . . . ·10
Février 10
Mars. 6
Avril 5
Mai 9
Juin. 10
Juillet. 31
A reporter. 81

Report	81
Août	24
Septembre	25
Octobre.	20
Novembre.	16
Décembre.	9
Total	175

Ordre de fréquence mensuelle : Juillet, septembre, août, octobre, novembre, février, janvier (deux mois *ex æquo*), juin, mai, décembre, mars, avril.

Hiver.	29 : 16 à 17 p. %.
Printemps	20 : 11 à 12 —
Été.	65 : 37 à 38 —.
Automne	61 : 35 à 36 —
Total	175

L'été et l'automne sont désastreux pour cette classe de causes mortuaires.

— — · · · ·

MALADIES SPÉCIALES AUX NOUVEAU-NÉS.

76.

Dans le premier mois de la vie, 76 enfants sont morts par une de ces maladies spéciales. En voici le tableau :

Sclérèmes.	44
Suites d'un accouchement laborieux . . .	14
Ictères	11
Débilité par maladie de la mère	5 (1)
Maladies de l'ombilic	2
Total.	76

Nous ne pensons pas que ce nombre reproduise tous les cas de maladies spéciales aux nouveau-nés ; il est tout à fait probable qu'il y a beaucoup d'omissions, et il faut les placer dans le nombre de 204 enfants nés dans le premier mois, et pour lesquels nous n'avons aucun renseignement médical.

(1) Ce petit groupe devrait, à la rigueur, appartenir au groupe des décès par débilité congéniale.

DIVERS PETITS GROUPES DE CAUSES MORBIDES DE DÉCÈS.

585.

Comme les résultats basés sur de petits nombres n'ont aucune force en statistique, nous nous contenterons de faire une simple énumération de divers petits groupes de causes léthifères, en utilisant, néanmoins, la profession et l'élément de misère ou d'aisance :

Dentition (sans autre désignation).	57
Gastrites (1)	53
Syphilis.	50
Maladies de la moelle épinière et de ses enveloppes.	45
Maladies de la matrice (non compris les cancers et les hémorrhagies)	44
Muguet.	39
Diverses maladies nerveuses	37
Diverses hémorrhagies	32
Diverses maladies cutanées.	31
Vomissements simples	20
Fièvres muqueuses.	15
Fièvres scarlatines.	13
Infirmités (sans autre désignation)	13
Anévrismes (hors du cœur)	10
Anthrax	10
Diverses hernies	10
Chloroanémie, hydroémie	9
Ulcères.	9
Étranglements internes	6
Varioles	6
Choléra.	6
Coliques (*sic*)	6
Affections intestinales (sans autre désignation)	6
Pustules malignes	5
Charbon	5
À reporter.	537

(1) Groupe d'une exactitude suspecte.

Report.	537
Sang vicié (*sic*).	5
Affections vermineuses (*sic*).	5
Tumeurs.	6
Maladies de la rate.	4
Scorbuts	4
Fistules anales.	3
Fièvres hectiques.	2
Onanismes.	2
Ophthalmies purulentes	2
Phlébites.	2

Treize autres maladies : âge critique (?), fièvre
inflammatoire (?), métastase, constipation opi-
niâtre, chute du rectum, anus artificiel, tympa-
nite (?), rupture d'estomac, plaie abdominale,
affection stomacale (sans autre désignation),
morve, suite de vaccine, suite d'opération de ca-
taracte. 13

Total. 585

Influence de la misère et de l'aisance.

Hospices	157 : 26 à 27	p. %.
Bureau de bienfaisance	32 : 5 à 6	—
Total pour la misère secourue ad-		
ministrativement	189 : 32 à 33	—
Misère privée.	88 : 14 à 15	—
Total pour la misère en général . .	277 : 48 à 49	—
Aisance	77 : 13 à 14	—

Pour 100 décès pauvres, la part de ce groupe est de 5 à 6.
Sur 100 décès riches, elle est de 7 à 8.

Influence des professions.

Dans ce groupe de décès, 194 bulletins désignent les professions :

Professions masculines matérielles.	30
Professions féminines à gages	19
Professions en contact avec le bois	15

A reporter. 64

Report.	64
Professions en contact avec les métaux, etc.	14
Professions à bâtisses	10
Ouvriers ruraux	9
Professions féminines.	13
Cordonniers	8
Capitaines de navire, officiers	8
Marins	6
Négociants, financiers	5
Tonneliers	4
Employés.	4
Propriétaires, rentiers	4
Carrières libérales	3
Petits industriels.	3
Charretiers, conducteurs.	3
États religieux	3
Boulangers	3
Aubergistes.	2
Graveurs, bijoutiers	2
Cordiers, tanneurs.	2
Coiffeurs	2
Accoucheuses.	2
Vingt autres professions	20
Total.	194

DÉCÈS DONT LA CAUSE EST RESTÉE INDÉTERMINÉE.

921.

Les 12,520 décès que contiennent les registres de l'état civil de la ville de Bordeaux ont été divisés par nous en plusieurs groupes, au point de vue de nos études analytiques : 1º le groupe des morts-nés (881) que nous avons mis en dehors de nos études générales ; 2º un total de plusieurs petits groupes (585) que nous n'avons fait qu'énumérer (les éléments de ce groupe ne comportaient pas d'études analytiques, à cause de leur petit nombre) ; 3º le groupe principal de 10,137, sur lequel est basé presque tout notre travail ; 4° le groupe des décès dont la cause est restée indéterminée.

Il est impossible, même avec le meilleur système administratif, de recueillir exactement tous les bulletins mortuaires, quand on veut y faire entrer les renseignements médicaux. M. Marc d'Espine, notre savant collègue, qui a organisé à Genève un système de vérification de décès beaucoup plus parfait que partout ailleurs, a été obligé d'en signaler une large part dont la cause est restée indéterminée ; la proportion est de 57 pour 1,000.

Nous-même, nous avons rencontré 921 bulletins qui se taisent sur les renseignements médicaux, d'où la proportion de 73 pour 1,000.

Pour imiter le savant statisticien de Genève, nous avons travaillé sur la somme intégrale des décès, en ne mettant hors du cadre général que les morts-nés. A la rigueur, on peut donc nous reprocher d'avoir employé un diviseur trop fort, et en conclure que notre quotient est trop faible. Si on tient à élaguer cet élément d'inexactitude, il n'y a qu'à diviser par 7.30 chacun de nos résultats trouvés.

DE LA LONGÉVITÉ DANS BORDEAUX.

La force de longévité d'une population se mesure par le nombre relatif des vieillards très-âgés qui meurent dans un an. La seule méthode exacte pour déterminer le degré de longévité, c'est d'avoir un tableau fidèle des vieillards de tel âge, et de voir combien il en meurt chaque année. Cela revient à comparer les vieillards morts aux vieillards vivants.

Au moment où cette partie de notre travail allait être mise sous presse, nous avons eu communication du dernier recensement de la ville, et nous en profitons pour compléter nos études sur la longévité.

Degré de fréquence.

Le nombre des vieillards vivants après soixante-dix ans, dans la population bordelaise, est de 4,181, d'où la proportion de 25 pour 1,000 habitants.

Le nombre de ces vieillards qui meurent annuellement est de 623, d'où la proportion de 3 pour 1,000 habitants, et de 149 pour 1,000 vieillards vivants.

Partageons cette phalange sénile en trois catégories :

1º *Septuagénaires.* 3,372 vivants, d'où la proportion de 20 pour 1,000 habitants.

Annuellement, il meurt 400 septuagénaires, d'où la proportion de 2 pour 1,000 habitants, et de 118 pour 1,000 septuagénaires vivants.

2º *Octogénaires.* 724 vivants, d'où la proportion de 4 pour 1,000 habitants.

Annuellement, il meurt 195 octogénaires, d'où la proportion de 1 pour 1,000 habitants, et de 269 pour 1,000 octogénaires vivants.

3º *Nonagénaires.* 85 vivants, d'où la proportion de 0.52 pour 1,000 habitants.

Annuellement, il meurt 28 nonagénaires, d'où la proportion de 0.17 pour 1,000 habitants, et 329 pour 1,000 nonagénaires vivants.

Ainsi, la première enfance et la vieillesse ont une marche presque analogue dans leur prédisposition à la mort : la première année de la vie, qui correspondrait à la période nonagénaire, donne un contingent mortuaire de 252 pour 1,000; la deuxième, qui correspondrait à la période octogénaire, en donne un de 120; pour la troisième, qui correspondrait à la période septuagénaire, ce contingent n'est plus que de 40.

Influence du sexe.

Dans ce nombre de 4,181 vieillards, la part des hommes est de 1,688, d'où la proportion de 403 pour 1,000; la part des femmes est de 2,493, d'où la proportion de 596 pour 1,000.

Annuellement, il meurt 269 vieillards du sexe masculin, d'où la proportion de 159 pour 1,000 vieillards du même âge et du même sexe.

La même opération pour 353 vieillards du sexe féminin donne la proportion de 141 pour 1,000, d'où une différence assez sensible en faveur de la longévité chez les femmes.

Étudions cette influence du sexe dans les trois périodes séniles :

1° 1,391 septuagénaires vivants du sexe masculin, d'où la proportion de 412 pour 1,000 septuagénaires du même sexe.

1,981 septuagénaires vivants du sexe féminin, d'où la proportion de 587 pour 1,000 septuagénaires vivants du même sexe.

Annuellement, il meurt 178 septuagénaires du sexe masculin, d'où la proportion de 127 pour 1,000 du même sexe.

La même opération pour 222 septuagénaires du sexe féminin donne la proportion de 112 pour 1,000 septuagénaires du même sexe.

Il y a donc une différence en faveur des femmes.

2° 263 octogénaires vivants du sexe masculin, d'où la proportion de 363 pour 1,000 du même sexe.

461 octogénaires vivants du sexe féminin, d'où la proportion de 636 pour 1,000 octogénaires du même sexe.

Annuellement, il meurt 86 octogénaires du sexe masculin, d'où la proportion de 326 pour 1,000.

La même opération pour les femmes octogénaires, dont le nombre est de 324, donne la proportion de 234 pour 1,000.

C'est encore une différence en faveur du sexe féminin.

3° 34 nonagénaires vivants du sexe masculin, d'où la proportion de 400 pour 1,000.

La même opération pour les nonagénaires du sexe féminin, qui sont au nombre de 51, donne 600 pour 1,000.

Annuellement, il meurt 5 nonagénaires du sexe masculin, d'où la proportion de 147 pour 1,000.

La même opération pour les femmes, dont le contingent mortuaire est de 23, donne 450 pour 1,000. Ce qui prouve que la force de longévité, dans cette période, s'épuise beaucoup plus chez les femmes que chez les hommes.

Influence du lieu de naissance.

On ne peut faire honneur à Bordeaux de la plus grande partie de cette cohorte sénile. Dans chacune des trois périodes, la majorité est étrangère à la ville par sa naissance, en sorte que, pour le total, la part des étrangers est de 60 à 61 p. %.

Influence de la misère et de l'aisance.

Hospices. . . . . 404 : 21 à 22 p. %.
Bureau de bienfaisance . . . . . . 115 : 6 à 7 —
Total pour la misère secourue ad-
    ministrativement . . . . 519 : 27 à 28 —
Misère privée. . . . . 140 : 7 à 8 —
Total pour la misère en général. . 659 : 35 à 36 —
Aisance . . . . ·. . . . . 491 : 26 à 27 —

Ainsi, sur 100 vieillards, il y en a 35 à 36 qui n'ont pu, durant une longue carrière, acquérir des moyens d'existence pour leurs derniers jours. Bien plus, il est certain que cette misère où languissent tant de vieillards devient un nouvel élément de destruction sénile.

Un grand nombre parmi eux pourraient encore aborder des rivages plus lointains, s'ils n'étaient pas arrêtés en route par la disette.

En étant aussi large que possible, nous sommes arrivé à mettre 491 individus sous la bannière de l'aisance, ce qui donne une proportion presque identique à celle que nous avons trouvée pour la misère secourue officiellement.

Ainsi, sur 100 décès pauvres, la part de la vieillesse est de 12 à 13 p. %.

Sur 100 décès riches, elle est de 48 p. %.

L'aisance est donc un élément très-favorable à la vieillesse, et la preuve mathématique se trouve dans la forte proportion qui lui revient.

Influence du célibat.

Cette condition sociale n'est pas sans influence sur la longévité.

La population sénile de Bordeaux renferme 503 célibataires : 120 pour 1,000.

Il meurt annuellement 108 vieillards célibataires.

Ainsi, dans la catégorie des célibataires, la mortalité annuelle est de 124 pour 1,000, au lieu de 149, qui est la mortalité ordinaire. Le célibat n'est donc pas favorable à la longévité.

On trouve chez les vieillards beaucoup plus de femmes célibataires que d'hommes. La proportion des unes est 151 pour 1,000; celle des autres n'est que de 74.

Influence des professions.

842 bulletins la désignent.

Nous mettons hors du cadre de nos recherches les femmes qui n'ont pas de profession. Nous avons tendance à croire que la part supérieure des femmes dans la vieillesse est due, en grande partie, à l'immunité des dangers professionnels.

Proportion pour 100 individus du même groupe.

Professions masculines matérielles.	75 : 13 à 14 p. %.
Professions féminines à gages. . .	85 : 22 à 23 —
Ouvriers ruraux.	70 : 53 à 54 —
Professions féminines	60 : 22 à 23 —
Tonneliers	39 : 35 à 36 —
Capitaines de navire, officiers. . .	34 : 56 à 57 p. %.
Professions en contact avec le bois .	33 : 31 à 32 —
Cordonniers . . . . •	31 : 19 à 20 —
Négociants, armateurs.	26 : 34 à 35 —
Marchands, commerçants	15 . 50 —
Employés	24 : 28 à 29 —
Marins	18 : 11 à 12 —
Carrières libérales	19 : 34 à 35 —
Rentiers, propriétaires.	98 : 61 à 62 —
Professions à bâtisses	32 : 25 à 26 —
Professions en contact avec les métaux, etc	18 : 9 à 10 —
Professions infimes	26 : 43 à 44 —
Charretiers, cochers.	20 : 21 à 22 —
Militaires, octroyens, douaniers, facteurs	6 : 5 à 6 —
Voiliers, cordiers, tisserands. . . .	11 : 31 à 32 —
Selliers, tailleurs d'habits	25 : 30 à 31 —
Petits marchands et industriels . .	9 : 12
Peintres, doreurs	4 : 8 à 9 —

A reporter. 778

Report.	778		
État religieux	7 :	11 à 12	—
Professeurs, écrivains	8 :	21 à 22	—
Boulangers, pâtissiers.	10 :	18 à 19	—
Bijoutiers, graveurs	4 :	20	
Artistes dramatiques	2	00	—
Imprimeurs	3 :	15	
Tapissiers	4 :	. 33	
Coiffeurs.	2 :	12 à 13	—
Aubergistes, restaurateurs	4 :	21 à 22	—
Commis, teneurs de livres.	10 :	16 à 17	—
Dix autres professions	10		
Total.	842		

Le groupe professionnel qui fournit la plus forte proportion de
vieillards est celui des rentiers et des propriétaires ; viennent ensuite ceux des officiers retraités et capitaines de navire, des ouvriers ruraux et des marchands, des professions infimes, des
tonneliers, des négociants et armateurs, etc.

Causes présumées des décès.

Nous n'avons qu'à prendre, dans nos différents groupes de
causes mortuaires, la part qui revient à la période ultra-septua-
génaire, en faisant remarquer, néanmoins, que toutes nos proportions sont prises sur un total de 1,869 vieillards, quoiqu'il y
en ait 356 sur lesquels nous n'avions pas de renseignements médicaux. Le plus grand nombre de ces cas indéterminés appartient
aux hospices des Vieillards et des Incurables, où le médecin ne
signale jamais la cause mortuaire à l'admininistration. Le diviseur est donc 5 fois 22 centièmes trop fort ; le quotient est donc
le même nombre de fois trop faible.

Accidents morbides du cerveau, du cœur et des poumons	262 :	14 à 15	p. %.
Diathèse cancéreuse.	51 :	2 à 3	—
Diathèse tuberculeuse	18 :	0.98	—
Accidents cérébraux non sanguins.	20 :	1 à 2	—
Erysipèles, phlegmons, gangrènes.	34 :	1 à 2	—

Diathèse rhumatismale et goutteuse.	11 :	0.58	—
Fièvres typhoïdes	6 :	0.32	—
Accidents pleuropneumoniques	106 :	5 à 6	—
Diathèse scrofuleuse.	30 :	0.16	—
Maladies de cœur	72 :	3 à 4	—
Diverses affections chroniques de poitrine	22 :	1 à 2	—
Maladies des voies génito-urinaires.	27 :	1 à 2	—
Asthmes	125 :	6 à 7	—
Maladies de foie	16 :	0.95	—
Maladies paludéennes	14 :	0.80	—
Dyssenterie.	11 :	0.58	—
Affections des voies aériennes.	1 :	0.05	—
Affections gastro-intestinales	51 :	3 à 4	—
Hydropisies	41 :	2 à 3	—
Infections putrides, abcès	8 :	0.42	—
Catarrhes et bronchites	324 :	17 à 18	—
Péritonite	1 :	0.05	—
Sénilité.	296 :	15 à 16	—
Accidents cérébraux.	61 :	3 à 4	—

Ainsi, la cause mortuaire la plus fréquente pour la vieillesse est le catarrhe ; ensuite viennent la sénilité, les accidents cérébraux, l'asthme, les accidents pleuropneumoniques, etc. Les vieillards ne meurent presque pas par la péritonite, ou par une affection des voies aériennes, et surtout par les autres causes mortuaires dont cette liste ne fait pas mention.

FIN.

MOUVEMENT MENSUEL

des naissances et des mariages de la ville de Bordeaux.

1858 — 1859 — 1860

ANNÉES.	NAISSANCES et MARIAGES.	JANVIER.	FÉVRIER.	MARS.	AVRIL.	MAI.	JUIN.	JUILLET.	AOUT.	SEPTEMBRE.	OCTOBRE.	NOVEMBRE.	DÉCEMBRE.	TOTAL.
1858	Naissances	308	259	376	273	331	269	312	311	373	375	382	387	3,956
1859	Naissances	384	266	262	321	309	290	362	376	328	381	329	341	3,949
1860	Naissances	346	340	347	352	350	344	365	358	319	384	332	248	4,185
1858	Mariages ..	125	170	67	133	141	122	138	116	113	131	118	92	1,466
1859	Mariages ..	117	162	155	82	161	132	109	124	110	126	104	68	1,450
1860	Mariages ..	112	180	76	111	171	126	114	137	124	127	121	90	1,486

MOUVEMENT ANNUEL

de la population de Bordeaux depuis 1793 jusqu'en 1860.

NAISSANCES — DÉCÈS — MARIAGES

ANNÉES.	NAISSANCES.	DÉCÈS.	MARIAGES.	ANNÉES.	NAISSANCES.	DÉCÈS.	MARIAGES.
1793	3,636	3,913	366	1827	3,572	2,971	825
1794	3,810	5,130	1,307	1828	3,803	3,160	856
1795	3,322	5,898	1,048	1829	3,643	3,276	881
1796	3,383	5,322	992	1830	3,763	3,810	916
1797	4,038	3,190	992	1831	3.643	3,699	803
1798	4,`67	2,754	886	1832	3,471	4,070	786
1799	3,244	3,363	724	1833	3,530	3,965	960
1800	3,897	3,125	596	1834	3,718	3,611	1,067
1801	3,523	3,4`0	586	1835	3,854	3,201	1,051
1802	3,568	3,576	771	1836	3,719	3,266	961
1803	3,502	3,769	740	1837	3,789	3,728	979
1804	3,418	3,795	615	1838	3,945	3,212	974
1805	3,267	3,362	571	1839	3,921	3,050	1,063
1806	3,657	6,267	677	1840	3,957	3,537	1,014
1807	4,109	3,281	599	1841	3,818	3,303	1,016
1808	3,104	4,056	548	1842	3,953	3,462	1,113
1809	2,842	3,744	583	1843	4,038	3,262	1,113
1810	2,888	2,766	610	1844	4,038	3,561	1,118
1811	2,663	2,818	479	1845	4,089	3,351	1,122
1812	2,459	2,688	414	1846	4,285	3,295	1,090
1813	2 583	3,244	497	1847	4,133	4,045	1,157
1814	2,647	3,987	718	1848	4,027	3,449	1,062
1815	3,022	3,802	893	1849	4,315	4,460	1,189
1816	3,174	2,196	954	1850	4,164	3,251	1,325
1817	3,212	2,319	874	1851	4,583	3,490	1,290
1818	3,178	2,367	748	1852	3,866	3,656	1,233
1819	3,216	2,642	720	1853	3,695	3,281	1,381
1820	3,330	2,990	699	1854	3,568	4,815	1,315
1821	3,478	3,275	860	1855	3,458	4,070	1,409
1822	3,518	2,763	839	1856	3,737	4,129	1,385
1823	3,287	2,882	783	1857	3,070	4,110	1,567
1824	3,639	2,924	844	1858	3,956	4,125	1,466
1825	3,544	2,690	865	1859	3,949	4,371	1,450
1826	3,780	3,271	881	1860	4,185	4,024	1,486

Un arrêt de mort pour Bordeaux fut prononcé à la tribune française, au début de la Révolution : « Périssent les colonies plutôt qu'un principe !!! « Dès lors, en effet, Bordeaux fut frappé au cœur dans sa prospérité commerciale. A lui seul, il faisait presque tout le commerce, en exportation comme en importation, avec Saint-Domingue. Notre beau port de mer ne pouvait, avec les troubles intérieurs de la République, puis avec les guerres constantes de l'Empire, réparer par de nouveaux débouchers l'immense perte qu'il venait de faire. Cette ville de richesse et de luxe se vit donc envahie par l'inertie et la misère. Les trois années 1794, 1795, 1796, eurent une mortalité effrayante, qui est sans exemple dans son histoire, si on excepte l'année 1806. Notons néanmoins qu'à cette époque plusieurs anciennes paroisses rurales étaient comprises dans la commune de Bordeaux.

On voit le chiffre des naissances et des mariages baisser peu à peu pendant la durée de l'Empire. Le minimum se trouve dans l'année 1812. Le nombre des mariages y est réduit à 414, et celui des naissances à 2,459. Mars dévorait la jeunesse. Le mouvement ascensionnel est manifeste à partir de 1815. La révolution de 1830 l'arrête un peu ; mais ensuite on voit reparaître la progression des mariages et l'excédant des naissances sur les décès, excédant qui n'est interrompu jusqu'en 1851 qu'une fois : c'est dans l'année 1849, qui fut ravagée, à Bordeaux, par le choléra.

A partir du coup d'État de 1851, les naissances baissent considérablement ; et depuis l'année 1854, qui paya un nouveau tribut au choléra, les décès dominent les naissances sans interruption jusqu'en 1859. Il faut remarquer que, néanmoins, le nombre des mariages suit une marche ascendante assez continuelle.

L'année 1861 ouvre une ère nouvelle. Les naissances redeviennent supérieures aux décès ; le nombre des mariages est à son apogée. Ce mouvement ascensionnel se maintiendra-t-il ? Depuis les dernières modifications douanières, le commerce bordelais entre dans un nouvel horizon, vers lequel il soupirait depuis si longtemps, et tout prédit un progrès continu pour la prospérité de cette capitale du Midi.

RÉSUMÉ DU RECENSEMENT DE LA VILLE EN 1861.

Population municipale... .... 149,229 { Hommes .. 81,564 / Femmes.. 67,665

SÉRIES PAR AGE, PAR SEXE, PAR ÉTAT CIVIL.

AGES.	GARÇONS.	MARIÉS.	VEUFS.	TOTAL.	FILLES.	MARIÉES.	VEUVES.	TOTAL.	TOTAL des deux sexes.	Mortalité annuelle pour mille.
De 0 à 1 an..	1,326	//	//	1,326	1,389	//	//	1,389	2,715	252
1 à 2 ans	1,369	//	//	1,369	1,346	//	//	1,346	2,715	120
2 à 3	1,197	//	//	1,197	1,171	//	//	1,171	2,368	40
3 à 5	1,977	//	//	1,977	2,181	//	//	2,181	4,158	25
5 à 10	5,117	//	//	5,117	5,072	//	//	5,072	10,189	9
10 à 20	11,321	//	//	11,321	11,726	795	12	12,533	23,854	10
20 à 30	6,626	4,007	81	10,714	11,031	7,959	332	19,322	30,036	11
30 à 40	2,704	8,702	289	11,695	8,808	9,203	1,008	19,019	30,614	10
40 à 50	1,187	7,446	430	9,063	2,241	6,123	1,808	10,172	19,235	14
50 à 60	775	5,018	705	6,498	1,019	3,569	2,225	7,113	13,611	27
60 à 70	366	2,649	608	3,623	742	1,587	2,077	4,406	8,029	50
70 à 80	103	791	497	1,391	312	362	1,307	1,981	3,372	118
80 à 90	21	115	127	263	61	14	386	461	724	269
Au delà	1	9	24	34	5	0	46	51	85	329

Population municipale.. 149,229

Population en bloc (armée, couvents, institutions, etc.)........ ... 13,524

Total.. 162,753

Origine et nationalité de la population municipale.

Nés dans le département	98,881	Hommes....	46,227
		Femmes....	52,654
— dans les autres départements	39,234	Hommes....	14,221
		Femmes ...	25,013
Étrangers naturalisés Français	173	Hommes....	106
		Femmes....	67
Étrangers	10,935	Hommes ...	7,107
		Femmes....	3,828
Anglais, Écossais, Irlandais	371	Hommes....	218
		Femmes ...	153
Américains	201	Hommes....	149
		Femmes....	52
Allemands (Autrichiens et Prussiens compris)	844	Hommes....	560
		Femmes. ..	284
Belges	365	Hommes....	280
		Femmes....	85
Hollandais.	117	Hommes ...	68
		Femmes....	49
Italiens.	146	Hommes....	79
		Femmes....	67
Suisses	568	Hommes....	379
		Femmes....	189
Espagnols	611	Hommes....	284
		Femmes....	327
Russes	9	Hommes....	6
		Femmes....	3
Polonais	183	Hommes....	147
		Femmes....	36
Moldo-Valaques	2	Hommes....	1
		Femmes....	1
Grecs.	10	Hommes....	6
		Femmes....	4
Turcs	5	Hommes....	3
		Femmes....	2
Autres étrangers	7,503	Hommes....	4,927
		Femmes....	2,576

Total des célibataires.

Jusqu'à vingt ans, le nombre des garçons est de........................... 24,565
Jusqu'à vingt ans, le nombre des filles est de.............................. 18,542
A partir de vingt ans, le nombre des hommes célibataires est de........ 11,723
A partir du même âge, le nombre des femmes célibataires est de......... 23,416
Total des célibataires des deux sexes.. 35,139

Professions.

Nous signalerons quelques-unes des professions qui nous paraissent le mieux caractérisées, au point de vue hygiénique, dans le classement proposé par le Ministère de l'agriculture :

Rentiers.......................... 19,382	Hommes....	7,821
	Femmes....	11,561
Propriétaires...................... 15,912	Hommes....	6,404
	Femmes....	9,508

Commerçants, marchands (hommes seulement)............................. 12,548
Marins du commerce.. 5,758
Portefaix, commissionnaires.. 3,362
Maçons, tailleurs de pierres, couvreurs...................................... 8,604
Agents de la force publique... 2,305
Ouvriers pour la fabrication des métaux et des objets en métal............ 2,320
Employés du Gouvernement et des administrations (non compris les
  hauts fonctionnaires).. 1,283
Ouvriers pour l'industrie céramique (verres, cristaux, porcelaines, etc.). 854
Diverses professions agricoles (hommes).................................... 1,136
Imprimeurs.. 422
Orfèvres, bijoutiers, horlogers.. 315
Cordonniers... 1,255
Ouvriers aux tabacs... 273
Ouvrières aux tabacs.. 459
Chapeliers, casquetiers... 417
Couturières... 414
Modistes.. 502
Tailleurs... 537
Menuisiers, charpentiers.. 715
Serruriers.. 298
Boulangers.. 470
Pâtissiers.. 129
Bouchers, charcutiers, tripiers... 459

Barbiers, coiffeurs	403
Restaurateurs, aubergistes	1,078
Affréteurs, armateurs	838
Raffineurs	294
Distillateurs	134
Ouvriers pour l'industrie textile	178
Tailleurs, corroyeurs, mégissiers, etc.	103
Ouvriers pour produits chimiques et analogues (cirage, colle, suif, savon, etc.)	269

Individus pensionnés	4,606	Hommes	1,157
		Femmes	3,449

Hommes de lettres et savants	108

Clergé	1,025	Hommes	302
		Femmes	723

Marbriers	72
Bouchonniers	56
Voituriers, charretiers	214
Carrossiers, charrons, selliers	487
Entrepreneurs de bâtiments	187
Relieurs	82
Culottiers, gainiers	61
Peintres, vitriers, décorateurs	98
Scieurs de long	103
Sabotiers	43
Fumistes, poêliers	45
Fabricants de meubles et de siéges	238
Officiers ministériels (avoués, notaires, huissiers, agents de change, commissaires-priseurs, courtiers)	187
Pharmaciens, médecins	209
Avocats	172
Accoucheuses	82
Magistrats	147
Professeurs	475
Filles publiques	478

Dénombrement des maisons de la commune de Bordeaux.

Maisons entièrement habitées	20,545
— en partie habitées	856
— non habitées	668
Total des maisons	22,069

Maisons n'ayant qu'un rez-de-chaussée.................................... 5,392
— ayant un rez-de-chaussée et un étage............................... 7,383
— — . — et deux étages........................... 5,343
— — — et trois étages............... 3,159
— — — et quatre étages................... 745
— — — et plus de quatre étages 47

Total..................................... 22,069

Dénombrement des ménages.

Ménages comprenant une seule personne...................................... 11,467
— — deux personnes....................................... 10,201
— — trois personnes.. ... 8,926
— — quatre personnes............................... 6,987
— — cinq personnes... 4,529
— — six personnes... 2,492
— — sept personnes et au-dessus.......... 2,930

Total des ménages........................ 47,532

1° Par séries d'âge, avec proportion pour 1,000; — 2° par sexe; — 3° par lieu de naissance.

AGE.	PROPORTION pour 1,000.	HOMMES.	FEMMES.	TOTAL.	MORTS-NÉS.	NON RENSEIGNÉS.	DÉPARTEMENTS.	HOMMES.	FEMMES.	TOTAL.	DÉPARTEMENTS.	HOMMES.	FEMMES.	TOTAL.	DÉPARTEMENTS.	HOMMES.	FEMMES.	TOTAL.	DÉPARTEMENTS.	HOMMES.	FEMMES.	TOTAL.	PAYS ÉTRANGERS.	HOMMES.	FEMMES.	TOTAL.	PAYS ÉTRANGERS.	HOMMES.	FEMMES.	TOTAL.
De 0 à 1 mois	76.01	504	404	908	902	0	Bordeaux	2,931	3,396	6,181	Creuse	13	8	21	Aisne	6	4	10	Doubs	3	·	3	Espagne	60	20	80	Danemark	1	1	2
De 1 à 2 mois	13.31	94	94	155	123	4	Gironde (hors Bordeaux)	600	601	1,201	Saône-et-Loire	13	7	20	Nièvre	6	3	9	Eure	1	1	2	Italie	18	11	29	Sénégal	·	·	1
De 2 à 3 mois	10.31	70	49	119	117	2	Basses-Pyrénées	338	368	806	Aveyron	16	4	20	Moselle	5	4	9	Haute-Saône	1	1	2	Angleterre	12	7	19	Pérou	·	1	1
De 3 à 4 mois	7.70	68	45	113	108	5	Dordogne	182	153	335	Vienne	8	11	19	Oise	7	1	8	Guadeloupe	10	8	18				
De 4 à 5 mois	7.10	55	37	92	90	2	Lot-et-Garonne	149	174	311	Indre-et-Loire	53	9	19	Vaucluse	4	4	8	Amérique	14	3	17				
De 5 à 6 mois	7.90	62	38	93	91	2	Landes	112	149	261	Seine-et-Oise	9	8	17	Basses-Alpes	1	·	8	Belgique	7	6	13				
De 6 à 7 mois	8.16	55	49	98	5		Charente-Inférieure	135	134	269	Hérault	11	6	17	Corse	5	3	8	Suisse	8	5	14				
De 7 à 8 mois	6.70	52	37	70	71	8	Haute-Garonne	137	60	297	Bouches-du-Rhône	10	7	17	Alpes-Maritimes	3	4	7	Allemagne	9	5	14				
De 8 à 9 mois	7.70	48	42	90	82	8	Cantal	127	84	191	Seine-Inférieure	6	11	17	Meuse	·	·	·	Haïti (Saint-Domingue)	8	6	14				
De 9 à 10 mois	8.92	90	44	105	89	6	Charente	67	101	106	Sarthe	11	5	16	Jura	7	·	7	Maurice	8	2	10				
De 10 à 11 mois	6.56	49	39	88	80	8	Corrèze	67	64	131	Haute-Loire	7	8	15	Vosne	5	2	7	Hollande	5	5	10				
De 11 mois à 1 an	8.50	50	49	91	91	8	Hautes-Pyrénées	84	41	115	Pas-de-Calais	8	6	14	Cher	5	2	7	États-Unis	3	6	9				
De 1 à 2 ans	84.92	504	416	980	915	65	Tarn-et-Garonne	51	54	105	Loir-et-Cher	7	7	14	Calvados	5	3	9	Martinique	6	3	9				
De 2 à 3 ans	35.37	135	136	203	241	53	Gers	64	30	91	Bas-Rhin	7	5	12	Var	5	1	6	Antilles	6	8	8				
De 3 à 4 ans	16.96	101	85	190	155	51	Ariège	35	51	86	Doubs	9	4	13	Savoie	4	2	6	Portugal	5	2	7				
De 4 à 5 ans	12.50	53	72	135	109	27	Seine	42	30	78	Aude	9	4	12	Aube	3	2	5	France	6	1	7				
De 5 à 10 ans	90.80	106	146	242	220	83	Lot	45	33	78	Côtes-du-Nord	9	3	12	Marne	3	2	3	Russie	6	1	5				
De 10 à 20 ans	64.06	379	356	734	353	381	Haute-Vienne	49	23	72	Nord	9	3	12	Eure-et-Loir	3	2	5	Duché de Bade	4	1	5				
De 20 à 30 ans	81.21	509	506	1,004	343	741	Finistère	38	33	60	Isère	4	8	12	Aïn	3	2	5	Cuba	3	2	5				
De 30 à 40 ans	70.89	451	480	931	368	653	Puy-de-Dôme	39	12	41	Deux-Sèvres	8	4	13	Ardèche	3	1	4	Bourbon	3	1	4				
De 40 à 50 ans	71.08	451	362	846	210	636	Loire-Inférieure	20	21	41	Manche	6	6	11	Landes	3	2	4	Inde	3	1	4				
De 50 à 60 ans	95.62	619	494	1,113	324	789	Tarn	30	18	48	Mayenne	10	1	11	Pyrénées-Orientales	4	·	4	Afrique	2	1	3				
De 60 à 70 ans	104.99	615	606	1,221	465	797	Morbihan	15	20	35	Vosges	8	2	10	Ardennes	3	1	4	Pologne	2	1	3				
De 70 à 80 ans	101.15	534	666	1,200	507	743	Ille-et-Vilaine	15	16	21	Gard	6	4	10	Allier	3	·	4	Brésil	·	2	2				
De 80 à 90 ans	24.70	250	38	585	234	361	Maine-et-Loire	10	3	22	Loire	6	4	10	Hautes-Alpes	1	2	3	Cayenne	1	1	2				
Au-delà de 90 ans	7.31	13	90	64	33	52	Rhône	15	6	21	Côte-d'Or	6	6	10	Haute-Marne	2	1	3	Autriche	·	2	2				
							Vendée	14	7	91	Orne	7	3	10	Seine-et-Marne	2	1	3	Norwège	2	·	2				
TOTAUX		6,059	5,510	11,609	6,181	4,438																								

TABLE DES MATIÈRES

	Nombre.	Pour 100 décès.		Pour 10,000 habit.	
Report................	8,513				
Maladies des voies génito-urinaires........ ....,................	123	1 à	2	2 à	3
Affections intestinales et gastro-intestinales................	914	8 à	9		19
Dyssenteries............................	102	0.87		2 à	3
Péritonites non puerpérales........	56	0.48		1 à	2
Fièvre typhoïde	335	2 à	3		7
Érysipèles, phlegmons, gangrènes	175	1 à	2	3 à	4
Maladies paludéennes....	66	0.56		1 à	2
Maladies dues à l'état puerpéral...	123	1 à	2	2 à	3
Infection putride, abcès...........	68	0.57		1 à	2
Hydropisies............................	176	1 à	2	3 à	4
Rougeole..............................	171	1 à	2	3 à	4
Inanition chez les jeunes enfants.	175	1 à	2	3 à	4
Maladies spéciales aux nouveau-nés	76	0.65		1 à	2
Divers petits groupes de causes morbides de décès................	585	5 à	6	12 à	13
Décès dont la cause est restée in-déterminée.........................	862	6 à	7	17 à	18
Total...................	12,520	99 à 100		260 à 261	

De la longévité dans Bordeaux.

Mouvement mensuel des mariages et des naissances.

Mouvement annuel de la population de la ville depuis 1793 jusqu'en 1861.

Résumé du recensement de la ville en 1861.

ERRATA.

Page 173, au-dessus du dernier alinéa, au lieu de 921, lisez 862.
Page 174, première ligne, au lieu de 10,137, lisez 10,192.
Même page, troisième alinéa, au lieu de 921, lisez 862.
Même page, même alinéa, au lieu de 73, lisez 68.
Même page, quatrième alinéa, au lieu de 7.30, lisez 6.80.

www.ingramcontent.com/pod-product-compliance
Lightning Source LLC
Chambersburg PA
CBHW071958090426
42740CB00011B/1995